O Livro dos Viewpoints

1 COLEÇÃO
PERSPECTIVAS NA CENA

Direção J. GUINSBURG
Supervisão de texto LUIZ HENRIQUE SOARES E ELEN DURANDO
Preparação EQUIPE DA PERSPECTIVA
Revisão de provas IRACEMA A. DE OLIVEIRA
Capa e projeto gráfico SERGIO KON
Produção RICARDO NEVES, SERGIO KON E LIA N. MARQUES

ANNE BOGART E TINA LANDAU

O Livro dos Viewpoints

um guia prático
para viewpoints
e composição

Sandra Meyer
Organização, tradução e notas

 PERSPECTIVA

Título original em inglês:
The Viewpoints Book. A Practical Guide to Viewpoints and Composition.

Copyright @ 2005 by Anne Bogart e Tina Landau

CIP-Brasil. Catalogação-na-Fonte
Sindicato Nacional dos Editores de Livros, RJ

B662L

Bogart, Anne
   O livro dos viewpoints : um guia prático para viewpoints e composição / Anne Bogart, Tina Landau ; organização e tradução Sandra Meyer. - 1. ed. - São Paulo: Perspectiva, 2017.
   256 p. ; 21 cm.   (Perspectivas em cena ; 1)

   Tradução de: The viewpoints book. a practical guide to viewpoints and composition
   Inclui bibliografia
   ISBN 978-85-273-1097-0

   1. Representação teatral. 2. Teatro - Técnica. 3. Ensaios.
I. Landau, Tina. II. Meyer, Sandra. III. Título.

17-40493   CDD:792.02
                                                               CDU: 792.02

20/03/2017   20/03/2017

[PPD]

DIREITOS RESERVADOS EM LÍNGUA PORTUGUESA À

EDITORA PERSPECTIVA LTDA.

AV. BRIGADEIRO LUÍS ANTÔNIO, 3025
01401-000 SÃO PAULO SP BRASIL
TELEFAX: (011) 3885-8388
WWW.EDITORAPERSPECTIVA.COM.BR

2019

Para os performers
cujos corpos e imaginação
levam este trabalho adiante

Sumário

Prefácio da Primeira Edição
[Por Anne Bogart e Tina Landau]
11

Prefácio à Edição Brasileira
[Por Anne Bogart]
15

Prefácio da Tradutora
[Por Sandra Meyer]
17

1. Uma História dos Viewpoints e da Composição
21

2. Os Viewpoints e a Composição: O Que São?
25

3. Os Viewpoints e a Composição no Teatro
Contemporâneo
33

4. Como Começar
39

5. Introduzindo os Viewpoints Individuais
55

6. Juntando os Viewpoints Individuais
87

7. Improvisações em Grupo
105

8. Trabalhando Com Música
119

9. Começando a Falar
129

10. Os Viewpoints no Ensaio
147

11. Introduzindo a Composição
163

12. A Composição Direcionada à Realização
de um Trabalho Original
179

13. A Composição Direcionada ao Ensaio de uma Peça
189

14. A Composição Como Prática e Receitas Adicionais
201

15. Como Discutir o Trabalho de Composição
em um Grupo
207

16. Composição e Artes Relacionadas
217

17. Os Viewpoints em Lugares Inesperados
227

Pósfacio
241

Bibliografia
251

Prefácio
da Primeira Edição

Como Dou Continuidade
aos *Viewpoints*?

Esta pergunta nos tem sido feita com certa frequência nos últimos anos. Quando cada uma de nós está próxima de concluir um curso, um *workshop* ou uma produção, o questionamento surge: "Como dou continuidade ao trabalho?", "Como aplico isso na cena?" "Como utilizo isso ao escrever minha peça?" "Como proceder se eu estiver trabalhando com pessoas que não fizeram o treinamento em *Viewpoints*?" "Quais outros exercícios existem num trabalho de Composição?" Este livro nasceu do desejo de responder a algumas dessas questões com as quais nos deparamos ao longo dos anos.

Não há muito material disponível sobre *Viewpoints*. Há alguns artigos e ensaios, mas até onde temos conhecimento, não há um livro dedicado ao tema. Esperamos, com este, escrever uma abordagem prática compreensiva para o uso dos *Viewpoints*. Ele não é um livro teórico, mas um guia prático ligado aos estágios e aplicações do trabalho. Nós o escrevemos para que estudantes, atores, colaboradores e também os céticos possam ter alguma coisa para se referenciar quando assim desejarem.

O livro *Viewpoints e Composição* não é definitivo, não é doutrinário ou uma verdade absoluta. Foi escrito a partir de uma experiência e de um ponto de vista pessoal. Uma vez que estamos certas de que os *Viewpoints* são um processo aberto, ao invés de uma metodologia fechada, esperamos que os interessados o abordem com profundidade e com rigor, e que mantenham a mesma busca essencial que *nós* esperamos ter realizado durante todos esses anos. Gostaríamos que ele não seja lido como um manual de instrução prescritiva, mas sim como uma matriz de possibilidades, uma chamada a mais para um exame e personalização por parte do leitor.

Há passos e tópicos básicos que acreditamos serem cruciais para um entendimento dos *Viewpoints* no corpo, e para ser usado de modo mais efetivo no treinamento e ensaio. Nós delineamos isso. Há modos preguiçosos e indigestos de ensinar *Viewpoints* e, mais ainda, de falar sobre ele, e as pessoas o fazem com uma frequência cada vez maior. Mas nossa proposta não é no sentido de que as pessoas leiam estas páginas e as sigam como um preceito. Adoraríamos uma resposta, uma garantia, um atalho. O treinamento em *Viewpoints* não os prevê. Embora fundamentemos o trabalho num modelo muito linear e estruturado, seria mortal para qualquer artista tentar seguir mecanicamente os passos sem propor questionamentos, ajustar o processo e ouvir suas próprias descobertas. Esperamos que vocês leiam estas páginas e as questionem. Esperamos que leiam e experimentem. Esperamos que as usem, que escrevam sobre elas e, em seguida, as *reescrevam*, e depois leiam novamente.

Escrevemos o livro intensificando um esboço e, a cada primeiro passo dado nos capítulos, nos sentíamos fortemente envolvidas. Então compartilhamos materiais, adicionando e editando o trabalho uma da outra, revisando juntas. Tomamos a decisão de escrever usando "nós" porque o livro reflete coisas que compartilhamos como convicções e práticas. Ocasionalmente, com o intuito de dar um exemplo específico, nos referimos às nossas próprias produções ou experiências: "Quando Anne dirigiu..." ou "Quando Tina dirigiu..."

Tivemos dificuldades em determinar uma sintaxe apropriada para escrever para *você*. É VOCÊ um instrutor, um diretor, um *performer*, um *design*, um dramaturgo? Orientador ou participante? Em grande parte, direcionamos este livro para a pessoa que lidera o trabalho – o professor ou o diretor. Mas você notará que algumas vezes, de forma fluida ou inconsistente, oscilamos entre nossas próprias vozes enquanto diretoras e professoras. Poderíamos iniciar um exercício com: "Primeiro reúna o grupo no centro do espaço e peça que todos fechem seus olhos..." (direcionado ao líder), mas logo numa transição para: "Sinta os corpos ao seu redor e perceba o som de sua respiração..." (endereçado aos participantes).

Também estamos conscientes de que, devido à natureza do assunto e ao fato de termos escrito juntas, muitas vezes no decorrer do livro um tópico é revisitado, redirecionado em uma segunda e até mesmo terceira vez. Esperamos ter repetido dentro de um novo contexto ou em uma perspectiva levemente alterada.

Cada uma de nós foi introduzida aos *Viewpoints* por uma outra pessoa: Anne por meio de Mary Overlie na Universidade de Nova York, Tina através de Anne no American Repertory Theatre. Ambas desenvolveram seu próprio processo: primeiro, sentindo que o mundo havia sido nomeado, e que agora tínhamos palavras para aquilo que sempre havíamos intuído ou feito; segundo, seduzin-do-nos pelo sistema em si mesmo, pelo seu poder, seus efeitos e seu estilo; e terceiro, reconhecendo a necessidade de investigação e reformulação da técnica para refletir nossas próprias paixões e observações. Ao descrever muitos dos exercícios neste livro, relem-bramos com detalhes vivos os momentos nos quais nós os criamos. Quase sempre, os exercícios foram criados em momentos de pavor: "Tenho seis horas e vinte atores, e o que é que eu vou fazer?!"

Dividimo-nos entre o desejo de propiciar a você um mapa e o desejo de dizer que rasgue este livro e encare o seu próprio medo. Como disse Joseph Campbell: "Aonde você tropeçar, lá você deve encontrar o seu tesouro." Nós o convidamos ao tropeço. Espera-mos talvez ter indicado um caminho, mas não o ter elucidado, permitindo a você trabalhar nas áreas mais árduas. *Viewpoints* é um processo aberto e não uma técnica rígida. Esperamos que este livro seja para você não um fim, mas um começo.

ANNE BOGART e TINA LANDAU
Outubro de 2005

Prefácio
à Edição Brasileira

Durante a década de 1970, eu era uma jovem diretora teatral em Nova York ainda buscando meu caminho na performance e nas artes cênicas e tive muita sorte em encontrar a coreógrafa Mary Overlie. Ambas lecionamos no Teatro Experimental Wing, na Universidade de Nova York, e juntas colaboramos em uma série de produções. Ela me apresentou os seus *Six Viewpoints*, o que provocou nada menos do que um abalo no meu mundo. Naquela época, a cena teatral convencional de Nova York excitava pouco a minha imaginação. Porém, inovações vindas do universo da dança e das artes visuais pareciam precipitar-se precisamente em minha direção. Mary Overlie era parte muito importante daquela cena em particular e eu reconheci o quanto a sua técnica habilitava os *performers* na geração de novos trabalhos, de forma colaborativa e eficiente. A técnica abriu minha imaginação para inúmeras possibilidades relacionadas a como ensaiar e desenvolver novos espetáculos com atores.

Ao longo dos anos, continuo a aprender e a crescer com os *Viewpoints*. A amplitude e a profundidade da prática, da pesquisa, parecem ilimitados. Questões abordadas pelos *Viewpoints* parecem se expandir e abranger qualquer assunto que surge em minha própria pesquisa nos processos de montagens teatrais e na interface dos atores com o público. Diversos interesses podem ser observados pela perspectiva dos *Viewpoints*. Estou muito feliz que o livro esteja, agora, traduzido para o português e espero que as aventuras que se seguirão sejam valiosas para os artistas de teatro e seu público.

ANNE BOGART
Julho de 2012

Gostaríamos de agradecer às pessoas a seguir por suas contribuições a este livro e às nossas vidas:

Mary Overlie, que forjou os Seis *Viewpoints* originais de sua imaginação. Aileen Passloff, que ampliou a noção de Composição do mundo da dança para a arena do teatro. Wendell Beavers, que levou os *Viewpoints* com ele para toda parte. Aos integrantes individuais da SITI Company, que desenvolveram e expandiram os *Viewpoints* em anos de prática, ensaio e ensino, em particular Barney O'Hanlon, que é um constante inovador, investigador e uma inspiração. Charles L. Mee, Jr., Brian Jucha, Ron Argelander, Susan Milani, Kevin Kuhlke, Jessica Litwak, John Bernd, Mark Russell, Jocelyn Clarke e Sabine Andreas.

ANNE BOGART

Theresa McCarthy, Henry Stram, Martin Moran, Jessica Molaskey, Victoria Clark, Jason Daniely, Steven Skybell, Jeff Perry, Amy Morton e Guy Adkins, entre outros – minhas musas dos *Viewpoints*, que me ensinaram muito do que sei acerca de como aplicar e integrar o trabalho em ensaios. Anne Hamburger, Marjorie Samoff, Robert Brustein, Richard Riddell, Michel David, Martha Lavey, à memória de Helen Merrill, e à SITI Company – todos os que me apoiaram tão generosamente durante a caminhada.

TINA LAUNDAU

E, certamente, ambas agradecemos a Terry Nemeth e Kathy Sova, pela sua clareza em nos ajudar a encontrar um formato para este livro.

Prefácio
da Tradutora

A tradução da obra *The Viewpoints Book: A Practical Guide to Viewpoints and Composition*, de autoria de Anne Bogart e Tina Landau, foi realizada por alguns dos integrantes do projeto de pesquisa "O *Corpomente* em Cena" e por mim, coordenadora do projeto, sendo este vinculado à linha de pesquisa Linguagens Cênicas, Corpo e Subjetividade do Programa de Pós-Graduação em Teatro da Universidade do Estado de Santa Catarina (Udesc).

O estudo dos *Viewpoints* e da Composição, realizado no período de 2006 a 2012, incluiu o processo de tradução coletiva do presente livro e foi realizado com o intuito de vivenciar e investigar os procedimentos propostos na obra em questão[1]. A tradução realizada pelo grupo ocorreu simultaneamente à experimentação dos princípios presentes na obra, sem a intenção de ser publicada, inicialmente.

Face à lacuna existente no que se refere a textos publicados no Brasil sobre *Viewpoints*, em 2009 o projeto direcionou-se à organização e revisão do material traduzido para a publicação no Brasil, já com a devida anuência das autoras, obtida em 2008. A editora

---

1   No período de tradução foram realizados dois encontros: I Seminário *Viewpoints* e Composição: Abordagens do Treinamento do Ator-Bailarino, no CEART, em junho de 2008, e o II Seminário Prático de Pesquisa – Viewpoints e Suzuki: Abordagens do Treinamento do Ator-Bailarino, em maio de 2010. Os eventos consistiram em palestras, apresentação de processos de pesquisa cênica e oficinas oferecidas gratuitamente à comunidade.

Perspectiva, percebendo a importância da tradução do livro para a área de teatro e dança no Brasil, iniciou contato com a Theatre Communications Group, detentora dos direitos da obra, no sentido de viabilizar a publicação no país.

Os *Viewpoints* são definidos pelas diretoras americanas Anne Bogart e Tina Landau como um processo aberto e não uma técnica rigidamente formatada. A proposta explora as questões do espaço/tempo por meio da improvisação e composição corporal e vocal, enfatizando procedimentos coletivos para o treinamento de atores e bailarinos. Aliado ao treinamento do ator elaborado por Tadashi Suzuki, ator e diretor da Suzuki Company of Toga (SCOT) no Japão, os *Viewpoints* fundamentam a poética do grupo dirigido por Anne Bogart, a SITI Company, com sede em Nova York. *Viewpoints* e Suzuki são provenientes de duas importantes companhias teatrais com significativa atuação internacional, renovadoras do teatro na contemporaneidade. Ambos envolvem aspectos da tradição teatral no Oriente e Ocidente, voltadas a questões pertinentes à relação entre ator e diretor e seus processos de criação num contexto intercultural.

A presente tradução busca preservar o estilo de escrita de Anne Bogart e Tina Landau. Como as autoras esclarecem no decorrer da obra, este não é um livro sobre teoria, mas um guia prático de trabalho, que não deve ser lido, contudo, como um manual de instruções. Em vez disso, deve instaurar um campo aberto de possibilidades. Em grande parte, o livro é direcionado a quem orienta o trabalho – o professor ou o diretor – e, nesse sentido, as próprias vozes de Bogart e Landau aparecem. Em outros momentos, se volta para aquele que está experienciando os exercícios propostos.

Vale ressaltar que alguns termos foram mantidos na língua de origem, ora por se tratar de termos já incorporados à prática no Brasil, tais como *Viewpoints* e *soft focus*[2], ora por não haver termo similar ou correspondente na língua portuguesa. Assumindo os desafios que toda tradução impõe, transformamos

---

2   Em tradução livre: um leve foco, um foco não intensivo (N. da E.).

esta impossibilidade de transposição do original em espaço para a criação, como convém a um método que convida à percepção e à ação sob pontos de vista diversos, sem perder de vista a filosofia proposta pelos *Viewpoints*.

Agradecimentos

Agradeço aos acadêmicos do curso de Licenciatura em Teatro e aos discentes do curso de pós-graduação em teatro da Universidade do Estado de Santa Catarina pelo empenho e comprometimento no processo de tradução e, sobretudo, pelo compartilhamento de incontáveis e intensivos momentos de descoberta no espaço/tempo guiados pelos ensinamentos contidos nesse livro:

Aos bolsistas de iniciação científica da Udesc: Volmir Cordeiro, Letícia Martins e Fabiano Lodi (2006 a 2008); Pedro Henrique Pires Ferreira Coimbra e Anderson Luiz do Carmo (2009 a 2011) e Gabriela Leite (2011).

A Barbara Biscaro e Claudia Mussi, pelas contribuições ao processo de tradução, e Andréia Paris e Gabriela Giannetti, por sua presença nas práticas do grupo.

Anderson Luiz do Carmo, Gabriela Leite e Pedro Henrique Pires Ferreira Coimbra (bolsistas I.C. 2009 a 2011), e Fabiano Lodi, pela dedicação ao trabalho de tradução e revisão final.

Agradecimentos a Silvia Fernandes e Matteo Bonfitto, que nos incentivaram a publicar esta tradução.

A Terry Nemeth e Fany Kon, interlocutores na Theatre Communications Group e Editora Perspectiva, respectivamente.

A Megan Szalla, Roberta Pereira, Sandy Garcia e Rena Shagan, pelo apoio.

Ao professor Jacó Guinsburg, por ter acreditado no projeto.

Um agradecimento especial a Fabiano Lodi, com quem compartilhei o processo de publicação, desde o início, e cujo entusiasmo e determinação foram cruciais à concretização desta tradução para a língua portuguesa.

Aos atores da SITI Company.

A Anne Bogart, por ter nos autorizado a traduzir o presente livro, e por seus ensinamentos.

SANDRA MEYER
Setembro de 2012

1.

Uma História dos Viewpoints e da Composição

Uma mudança cultural sísmica ocorreu na América do Norte durante a metade do século passado. Foi uma mudança marcada por eventos, como os protestos contra a Guerra do Vietnã, as marchas pelos direitos civis e o nascimento do expressionismo abstrato, o pós-modernismo e o minimalismo. Durante a década de 1960, essa explosão cultural e revolução artística ganhou lugar em Nova York, São Francisco e em outros centros urbanos, e depois se espalhou pelo país. O movimento era político, estético e pessoal, e isso alterou o modo como os artistas pensavam seus processos, seus espectadores e seus papéis no mundo. Essa erupção repentina de atividade foi como respirar um novo ar para muitos jovens, incluindo um grupo de artistas – Judson Church Theater – que se uniram na igreja Judson, localizada na Washington Square, em Nova York. O grupo incluía os jovens pintores Robert Rauschenberg e Jasper Johns, os compositores John Cage e Phillip Corner, o cineasta Gene Friedman e os dançarinos Yvonne Rainer, Trisha Brown, David Gordon, Lucinda Childs, Steve Paxton, Laura Dean, Simone Forti e outros. Inspirados por seu professor de composição em dança, Robert Dunn, esses dançarinos desejaram questionar a concepção do seu próprio treinamento e de como abordavam seus próprios trabalhos. Eles quiseram criar alternativas para a difundida influência de George Balanchine, Martha Graham e contemporâneos ainda mais próximos, como Merce Cunningham. Queriam libertar a coreografia da psicologia e do drama convencional. "O que é dança?", perguntaram-se. "Se um elefante balança a tromba, isso é dança?", "Se uma pessoa anda pelo palco, isso é dança?"

Seguiram-se um grande número de experimentos: performances no alto de telhados, plateias testemunhando eventos através de buracos de fechaduras, dançarinos suspensos no ar, dançarinos em plataformas rolantes. Ao trabalhar com a noção de que qualquer coisa é possível, esses artistas começaram a mudar as regras. Rauschenberg e Johns, por exemplo, não somente criaram *designs*[1] para as performances, mas frequentemente conceberam os eventos e atuaram neles. A improvisação se tornou linguagem comum e todos se ajudavam mutuamente.

Um dos acordos fundamentais que unia esse grupo era sua crença em uma arte não hierárquica, bem como o uso de atividades em "tempo real" que se originavam de estruturas parecidas com jogos ou atividades com tarefas orientadas. O grupo queria funcionar democraticamente de maneira que todos os membros tivessem igual acesso às oportunidades de performances. Nas improvisações, cada participante tinha o mesmo poder de criação em um evento. O pensamento estético também era não hierárquico. A música, por exemplo, não ditaria escolhas. Um objeto poderia ter a mesma importância que um corpo humano. A palavra falada poderia estar em paridade com um gesto. Uma ideia poderia ter a mesma importância que outra, no mesmo espaço, ao mesmo tempo.

Esses pioneiros pós-modernos forjaram o território sobre o qual nós pisamos agora. Eles rejeitaram a insistência do mundo da dança moderna em veicular mensagens sociais e técnica virtuosística, e substituíram-nas por decisões internas, estruturas, regras e problemas. O que fez aquela dança surgir, no fim, foi o próprio contexto da dança. Qualquer movimento que ocorria enquanto se trabalhava nesses problemas *tornava-se* arte. Essa filosofia se encontra no coração dos Viewpoints e da Composição.

No início da década de 1970, Aileen Passloff, uma dançarina e coreógrafa, grande influência no movimento da Judson Church,

---

1 O termo remete a projetos cenográficos e/ou visuais.

tornou-se professora de Anne na Bard College. As aulas de Composição de Aileen tiveram um enorme efeito no modo como Anne começou a pensar o trabalho criativo. Os estudantes eram solicitados a criar seu próprio trabalho baseado em sonhos, objetos, propagandas, qualquer coisa que pudesse ser alimento para a criação. Para Anne, essa foi a gênese do interesse de toda uma vida em aplicar teorias da pintura, da arquitetura, da música e do cinema no teatro. Aileen também inspirou Anne a investigar o papel criativo de cada *performer*.

Mais tarde, em 1979, Anne conheceu a coreógrafa Mary Overlie, a inventora dos *Six Viewpoints*, na New York University, onde ambas pertenciam ao corpo docente da faculdade do Experimental Theater Wing. Apesar de ter surgido mais tarde na cena da Judson Church, Mary, que tinha treinamento como dançarina e coreógrafa, atribuiu suas próprias inovações aos experimentos daquele coletivo. Seu pensamento também foi inflamado por colegas em São Francisco, incluindo Anna Halprin, no Berkeley College, Deborah Hay e, particularmente, Barbara Dilley, que, com Mary, reuniu um grupo só de mulheres chamado Natural History of the American Dancer.

Mary mergulhou nessas inovações e criou o seu próprio modo de estruturar o tempo e o espaço na improvisação em dança – os *Six Viewpoints*: espaço, forma, tempo, emoção, movimento e história. Ela começou a aplicar esses princípios não somente em seu próprio trabalho como coreógrafa, mas também na sua metodologia de ensino. Subsequentemente, seu trabalho influenciou muitas gerações de artistas de teatro.

A abordagem dos *Six Viewpoints* elaborada por Mary foi e continua sendo absoluta. Ela é inflexível a respeito de sua pureza. Para seu desgosto e prazer, seus estudantes e colegas, reconhecendo a genialidade de suas inovações e sua imediata relevância para o teatro, têm extrapolado e expandido seus Viewpoints para seu próprio uso.

Ficou claro, instantaneamente, para Anne (e mais tarde, para Tina) que a abordagem que Mary utilizou, visando gerar movimento para o palco, era aplicável na criação de momentos visceralmente dinâmicos no teatro com atores e outros colaboradores. Em 1987, Tina e Anne se conheceram enquanto trabalhavam no American Repertory Theatre em Cambridge, Massachussets. Nos vinte anos seguintes, elas colaboraram extensivamente, experimentaram teatralmente, e gradualmente expandiram os seis Viewpoints de Overlie para nove Viewpoints Físicos (Relação Espacial, Resposta Cinestésica, Forma, Gesto, Repetição, Arquitetura, Andamento, Duração e Topografia) e Viewpoints Vocais (Altura, Dinâmica, Aceleração/ Desaceleração, Silêncio e Timbre).

Ao longo dos últimos vinte anos, o treinamento em Viewpoints tem inflamado a imaginação de coreógrafos, atores, diretores, designers, dramaturgos e escritores. Embora os Viewpoints sejam agora ensinados por todo o mundo e usados por muitos artistas de teatro em processos de ensaio, a teoria e sua aplicação são ainda relativamente novas. As questões surgem com frequência: o que exatamente são Viewpoints? O que exatamente é Composição?

2.

Os Viewpoints e a Composição: O Que São?

Viewpoints, Composição: o que esses termos significam? As definições a seguir refletem o *nosso* entendimento e uso deles. Mesmo no contexto do trabalho de pioneiros como Mary Overlie e Aileen Passlof, é impossível dizer de onde essas ideias se originaram, porque elas são atemporais e pertencem aos princípios naturais do movimento: tempo e espaço. Ao longo dos anos, nós simplesmente articulamos uma série de nomes para coisas que já existiam, coisas que fazemos naturalmente e sempre fizemos, com maior ou menor grau de consciência e ênfase.

Viewpoints

- Os Viewpoints são uma filosofia traduzida em uma técnica para: 1. treinar *performers*; 2. construir coletivos[1]; e 3. criar movimento para o palco.
- Os Viewpoints são uma série de nomes dados a certos princípios de movimento através do tempo e do espaço; esses nomes constituem uma linguagem para falar sobre o que acontece no palco.

---

1   Do termo original *ensemble*.

- Os Viewpoints são pontos de atentividade[2] que o *performer* ou criador faz uso enquanto trabalha.

Trabalhamos com nove Viewpoints físicos, dentre Viewpoints de Tempo e Viewpoints de Espaço. A maior parte deste livro enfoca os Viewpoints Físicos, contudo os Vocais, desenvolvidos mais tarde, serão abordados no capítulo 9. Os Viewpoints Vocais são especificamente relacionados ao som em oposição ao movimento. Viewpoints Físicos e Vocais entrelaçam-se e constantemente sobrepõem-se em valores relativos, dependendo do artista ou do professor e/ou do estilo da produção. Os Viewpoints Físicos são:

Viewpoints de Tempo[3]

Andamento[4]

A medida da velocidade na qual um movimento acontece; o quão rápido ou devagar algo acontece no palco.

Duração

Quanto dura um movimento ou uma sequência de movimentos. Duração, em termos de trabalho com Viewpoints, se relaciona especificamente com quanto tempo um grupo de pessoas, trabalhando juntas, permanece em uma certa seção de movimento antes de mudá-la.

---

2   O termo *awareness* foi traduzido como um estado imediato e sutil de atenção e de "escuta" de si mesmo e do ambiente, denotando uma dimensão cognitiva que se diferencia de certa forma do termo *consciousness*, este um grau mais reflexivo da experiência. Em grande parte do livro as autoras utilizam o termo *awareness*, que nos remete ao estar presente e atento na experiência, uma atentividade.

3   No presente livro, editado em 2005, as autoras utilizam a divisão Viewpoints de Tempo e Viewpoints de Espaço, contudo, na atualidade, vêm considerando uma ampliação para três eixos: Viewpoints de Tempo (Andamento, Duração e Resposta Cinestésica), Viewpoints de Espaço (Forma, Arquitetura e Relação Espacial) e Viewpoints de Tempo e Espaço (Gesto, Repetição e Topografia).

4   O termo original *Tempo* foi traduzido como Andamento, uma vez que se refere à medida de velocidade (*Cambridge Dictionary of American English*, 2010).

Resposta Cinestésica[5]

Uma reação espontânea ao movimento que ocorre fora de você; o *timing* no qual você responde aos eventos externos de movimento ou som; o movimento impulsivo que ocorre a partir do estímulo dos sentidos. Exemplo: alguém bate palma na frente dos seus olhos e você pisca em resposta; ou alguém bate uma porta e você impulsivamente se levanta de sua cadeira.

Repetição

A repetição de algo. Repetição inclui 1. *Repetição Interna* (repetir um movimento de seu próprio corpo); 2. *Repetição Externa* (repetir a forma, andamento, gesto etc., de algo fora do seu próprio corpo).

Viewpoints de Espaço

Forma[6]

O contorno ou desenho que o corpo (ou os corpos) faz no espaço. Toda Forma pode ser dividida em: 1. *linhas*; 2. *curvas*; 3. uma *combinação* de linhas e curvas.

---

5 O termo *kinesthetic* refere-se à dimensão cinética ou cinestésica, ao movimento, às forças que alteram a ação dos corpos. As autoras o relacionam às reações instintivas e espontâneas aos estímulos do entorno que nos modificam instantaneamente. Na fisiologia, cinestesia é o sentido que permite a percepção dos movimentos musculares, peso e posição dos membros. Já o termo *sinestesia* implica na sensação que acompanha uma percepção, a condição em que a impressão de um sentido é percebida como sensação de outro, às vezes entendida como cinestesia. Acreditamos que a prática sugerida por Bogart e Landau implica numa dimensão tanto cinética como sinética da experiência, entretanto optamos por utilizar o termo *resposta cinestésica*.

6 *Shape* é um termo de difícil tradução para o português, já que possui uma série de significados e associações, todas elas importantes no exercício da arte teatral. O exercício do Viewpoint *Shape* solicita a atenção do *performer* aos contornos e configurações dos corpos, dos conjuntos humanos, de objetos, espaço físico e outras materialidades visíveis e/ou palpáveis. Diferencia-se, por exemplo, de termos como *form* (que traz a ideia de modelo, figura) e *guise* (aparência, aspecto), palavras estas que, ao serem traduzidas para o português, podem ser (e são) usadas em diferentes contextos, utilizando-se a mesma grafia.

No treinamento em *Viewpoints*, nós criamos formas que são redondas, formas que são angulares, formas que são uma mistura dessas duas.

Forma também pode ser: 1. *parada*; 2. *em movimento* através do espaço.

Finalmente, Forma pode ser feita de três maneiras: 1. o corpo no espaço; 2. o corpo em relação à arquitetura; 3. o corpo em relação a outros corpos.

Gesto

Um movimento envolvendo uma parte ou partes do corpo; o Gesto é a Forma com um começo, meio e fim. Gestos podem ser feitos com as mãos, os braços, as pernas, a cabeça, a boca, os olhos, os pés, o estômago, ou qualquer outra parte ou combinação de partes que podem ser isoladas. Há dois tipos de Gesto:

1. GESTO COMPORTAMENTAL

Pertence ao mundo concreto e físico do comportamento humano assim como observamos na nossa realidade cotidiana. É o tipo de gesto que você vê no supermercado ou no metrô: coçar, apontar, acenar, fungar, reverenciar, saudar. Um Gesto Comportamental pode dar informações sobre personagens, período de tempo, saúde física, circunstâncias, clima, roupas etc. É usualmente definido pelas características de alguém ou pelo tempo e lugar no qual ele vive. Pode também conter um pensamento ou uma intenção. Um Gesto Comportamental pode ser ainda dividido e trabalhado em termos de *Gestos Privados* ou *Gestos Públicos*, distinguindo ações feitas na solidão e outras conscientes da presença do outro.

2. GESTO EXPRESSIVO

Expressa um estado interno, uma menção, um desejo, uma ideia ou um valor. É abstrato e simbólico, em vez de representacional. É universal e atemporal e não é algo que você normalmente veria alguém fazendo no supermercado ou no metrô. Por exemplo, um

Gesto Expressivo pode expressar ou representar emoções como "alegria", "tristeza" ou "raiva". Ou poderia expressar a essência interior de Hamlet, assim como um determinado ator a sente. Ou, em uma produção de Tchékhov, você pode criar e trabalhar com Gestos Expressivos *de* ou *para* "tempo", "memória" ou "Moscou".

Arquitetura

O ambiente físico no qual você está trabalhando e o quanto a atenção ao espaço afeta seus movimentos. Quantas vezes vemos produções em que há um cenário abundante e intrincado cobrindo o palco e ainda assim os atores ficam no centro, dificilmente explorando ou usando a arquitetura ao redor? No trabalho com a Arquitetura como um Viewpoint, aprendemos a dançar com o espaço, a estar em "diálogo" com a sala, a deixar o movimento (especialmente Forma e Gesto) se desenvolver para além de nossos limites. A Arquitetura pode ser abordada a partir de alguns parâmetros:

1. MASSA SÓLIDA
Paredes, chão, tetos, móveis, janelas, portas etc.

2. TEXTURA
Se a massa sólida é madeira, metal ou tecido mudará o tipo de movimento que criamos em relação a isso.

3. LUZ
As fontes de luz da sala, as sombras que fazemos em relação a essas fontes etc.

4. COR
Criar movimentos a partir das cores no espaço, por exemplo, de que maneira uma cadeira vermelha entre várias outras pretas poderia afetar nossa coreografia.

5. SOM
O som produzido pela arquitetura e criado a partir da relação com ela, por exemplo, o som dos pés no chão, o ranger de uma porta etc.

Além disso, no trabalho com a Arquitetura, criamos *metáforas espaciais*, dando forma a sentimentos como "estou contra a parede", "pego entre as fendas", "cair em armadilha", "perdido no espaço", "no limiar", "alto como uma pipa" etc.

Relação Espacial[7]

A distância entre as coisas no palco, especialmente: 1. entre dois corpos; 2. entre grupos de corpos ou entre um corpo e um grupo; 3. um corpo em relação à Arquitetura.

Qual é a escala completa de distâncias possíveis entre coisas no palco? Quais tipos de agrupamentos nos permitem ver uma figura no palco mais claramente? Quais agrupamentos sugerem um evento ou emoção, quais expressam uma dinâmica? Na vida real ou no palco, tendemos a nos posicionar em uma distância polida de dois a três passos em relação a alguém com quem estamos falando. Quando nos tornamos atentos às possibilidades expressivas da Relação Espacial no palco, começamos a trabalhar com distâncias menos polidas e mais dinâmicas, como proximidade ou separação extremas.

Topografia

A *paisagem*, o *padrão de chão*, o *desenho* que criamos ao nos movermos pelo espaço. Ao definir uma paisagem, por exemplo, pode-se optar para fazer com que a parte da frente do palco tenha uma grande densidade, que seja difícil de mover-se nela, enquanto a parte de trás do palco tenha menos densidade e então envolva andamentos mais fluidos e rápidos. Para entender um padrão de chão, imagine que a base dos seus pés está pintada de vermelho; ao se mover pelo espaço, o desenho que se desenvolve no chão é o padrão de chão que emerge no tempo. Complementando, o ato de encenar ou criar topografias para performances sempre envolve

---

7 Do original *Spatial Relationship*. Optamos pela tradução do termo *Relationship* como relação, em vez de relacionamento, por se tratar de um termo mais abrangente que permite evidenciar situações que envolvem tanto pessoas como objetos.

escolhas sobre *tamanho* e *forma* do espaço no qual se trabalha. Por exemplo, podemos escolher trabalhar com uma faixa limitada de três metros até a frente do palco ou em um triângulo gigante que cobre todo o chão etc.

Composição

- Composição é um método para criar novos trabalhos.
- Composição é a prática de selecionar e arranjar componentes separados da linguagem teatral em um trabalho de arte coeso para o palco. É a mesma técnica que qualquer coreógrafo, pintor, escritor, compositor ou diretor de cinema usa em suas disciplinas correspondentes. No teatro, é *escrever com seus pés*, com os outros, no espaço e tempo, usando a linguagem do teatro.
- Composição é um método para gerar, definir e desenvolver o vocabulário teatral que será usado em qualquer peça dada. Em Composição, fazemos fragmentos para que possamos apontar para eles e dizer: "Aquele funcionou", e perguntar: "Por quê?" Para que possamos articular ideias, momentos, imagens etc., que incluiremos em nossa produção.
- Composição é um método para revelar a nós mesmos nossos pensamentos e sentimentos escondidos acerca do material. Por fazermos composições nos ensaios em um período de tempo comprimido, normalmente não temos tempo para pensar. A Composição fornece a estrutura para trabalhar a partir de nossos impulsos e intuição. Assim como Pablo Picasso disse uma vez, fazer arte é "outro modo de manter um diário".
- Composição é uma tarefa dada a um grupo para que possa criar peças teatrais curtas e específicas endereçadas a um aspecto particular do trabalho. Usamos Composição durante um ensaio para engajar os colaboradores no processo de gerar seu próprio trabalho em torno de uma fonte. A tarefa incluirá, com frequência, uma intenção abrangente ou estrutura, assim como uma lista

substancial de ingredientes que podem ser incluídos na peça. Essa lista é o material cru da linguagem teatral de que falaremos na peça, assim como princípios que serão úteis para encenar (simetria *versus* assimetria, uso de escala e perspectiva, justaposição etc.) ou os ingredientes que pertencem especificamente ao universo da peça na qual estamos trabalhando (objetos, texturas, cores, sons, ações etc.). Esses ingredientes são para uma Composição o que palavras soltas são para um parágrafo ou uma frase. O criador gera sentido através do seu arranjo.

- Composição é um método que permite o diálogo com outras formas de arte, como se as tomasse emprestadas e sobre elas refletisse. No trabalho de Composição, estudamos e usamos princípios de outras disciplinas traduzidas para o palco. Por exemplo, emprestando da música, podemos perguntar o que é o ritmo de um momento, ou como interagir baseado na estrutura de uma fuga, ou como a coda funciona e onde ou não devemos adicionar uma. Ou pensaremos sobre filmes: "Como encenamos um *close-up*? Uma fotografia construída? Uma montagem?" E perguntaremos: "Qual o equivalente no teatro?" Aplicando princípios compositivos de outras disciplinas para o teatro, abrimos uma gama de possibilidades teatrais e nos desafiamos a criar novas formas.

- Composição é para o criador (diretor, escritor, *performer*, designer etc.) o que o Viewpoint é para o ator: um método para praticar arte.

3.

Os Viewpoints e a Composição no Teatro Contemporâneo

Viewpoints e Composição oferecem uma alternativa para as abordagens convencionais de interpretação, direção, dramaturgia e design. Eles representam um processo claro e uma postura não hierárquica, prática e colaborativa por natureza. Ambos enunciam problemas e hipóteses particulares que um jovem enfrenta quando está ingressando no campo do teatro.

Os jovens artistas de teatro herdam enormes problemas quando entram na arena do teatro americano:

Problema 1: A Americanização do Sistema de Stanislávski

A abordagem da atuação para o palco nos Estados Unidos não mudou muito nos últimos sessenta ou setenta anos. Nosso mal--entendido, a má apropriação e miniaturização do sistema de Stanislávski continua sendo a *Bíblia* para muitos praticantes. Como o ar que respiramos, raramente estamos conscientes dessa dominância e onipresença.

Em 1923, Konstantin Stanislávski e sua companhia, o Teatro de Arte de Moscou, chegaram aos Estados Unidos para apresentar um repertório de peças de Górki e Tchékhov. A abordagem da atuação dessas produções teve um impacto eletrizante nos jovens artistas de teatro. Inspirados pelas apresentações e ávidos para aprender mais, os americanos captaram o que veio a ser um aspecto extremamente limitado do "sistema" de Stanislávski e transformaram isso em uma religião. Altamente eficaz para o cinema e a televisão, esse legado tem acorrentado o teatro americano em uma abordagem ultrarrealista da arte do palco. Mais tarde, Stanislávski admitiu que seus primeiros métodos psicológicos, os quais tinham sido muito influentes nos Estados Unidos, estavam equivocados. Ele alterou, então, a sua ênfase de indução da emoção através da memória afetiva para um sistema de cadeias-de-ação psicofísicas, em que a *ação*, em vez da psicologia, induzia à emoção e ao sentimento.

Os problemas e as hipóteses herdadas da americanização do sistema de Stanislávski são inconfundivelmente evidentes num ensaio quando você ouve um ator dizer: "Se eu sentir isso, a plateia sentirá isso" ou "Farei isso quando eu sentir". Quando um ensaio se reduz ao processo de manufatura e então sustenta-se desesperadamente sobre a emoção, a interação humana genuína é sacrificada. A emoção induzida pelo recolhimento de experiências passadas pode rapidamente tornar a atuação um exercício solipsista. O esforço hercúleo de forçar uma emoção particular tira o ator da simples tarefa de executar uma ação, e por isso distancia os atores uns dos outros e da plateia. Em vez de forçar e fixar uma emoção, o treinamento em Viewpoints permite que sentimentos indomados surjam a partir da situação física, verbal e imaginativa compartilhada entre os atores.

Outra concepção errônea sobre as teorias de atuação propostas por Stanislávski supõe que todas as ações no palco são motivadas exclusivamente por intenções psicológicas. Frequentemente nos defrontamos com atores que precisam saber "Qual o meu objetivo?" ou "O que eu quero?" antes de se disporem a realizar um movimento. Essa resistência geralmente é seguida pela declaração: "Minha personagem nunca faria isso".

Viewpoints e Composição sugerem novos modos de fazer escolhas em cena e gerar ações baseadas na consciência do tempo e do espaço para além ou em lugar da psicologia.

Problema 2:
Falta de Treinamento Contínuo
do Ator

O teatro é a única disciplina artística que não encoraja ou insiste sobre o treinamento contínuo de seus praticantes. O resultado: atores enferrujados e inflexíveis que muitas vezes se sentem insatisfeitos e não inspirados.

Qual musicista, após graduar-se em um conservatório, acharia que não precisa praticar todos os dias? Qual dançarino(a) não faria aulas ou exercícios na barra com regularidade? Qual pintor(a), qual cantor(a), qual escritor(a) não praticaria sua arte diariamente? E ainda, depois de se graduar em um programa de treinamento, os atores presumem estar preparados para o mercado de trabalho sem um compromisso com um treinamento pessoal continuado.

O treinamento forja relacionamentos, desenvolve habilidades e oferece uma oportunidade para o crescimento contínuo. O treinamento em Viewpoints e o trabalho de Composição permitem que atores e seus colaboradores pratiquem juntos a criação de ficção em uma base diária através do uso de ferramentas do tempo e do espaço. Essa prática diária mantém a seiva artística fluindo, cria grupos coesos e permite que indivíduos e grupos pratiquem a linguagem do palco.

Problema 3:
A Palavra "Querer" e Seu Efeito
Sobre a Atmosfera do Ensaio
e da Produção

A palavra "querer" é usada frequentemente e de maneira pouco cuidadosa em nosso ambiente de trabalho. Está correto supor que o trabalho do ator é fazer o que o diretor "quer", e o trabalho do diretor é saber tudo o que o ator procura e exigir isso?

A linguagem específica usada ao longo de um ensaio tem impacto na qualidade das relações entre as pessoas, assim como no tom do ambiente. O termo "querer" – muito usado e abusado em nosso sistema americano de ensaio de uma peça – implica na ideia de certo e errado. Ele estimula os artistas a procurarem uma única e satisfatória escolha, dirigidos pela busca da aprovação de uma autoridade absoluta acima deles.

Muitos jovens diretores supõem que seu trabalho é saber o que eles *querem* e insistir nisso, dizendo coisas como: "Agora eu *quero* que você cruze o palco e pegue a caneca de chá". Os atores supõem também que seu trabalho é fazer, primeiramente, o que o diretor *quer*. Quão regularmente um ator pode perguntar para o diretor "É isso o que você *quer*?", antes de a contribuição daquele ator ser completamente negada? Por que não pergunta, em vez disso, o que a *peça* quer? O diretor e o ator estarão, assim, unidos em um esforço mútuo. A palavra "querer", usada habitualmente e sem noção de suas consequências, constrói uma relação pai/filho no ensaio. Essa relação paternal limita a capacidade, o rigor e a maturidade no processo criativo e inibe verdadeiras colaborações.

O processo artístico pode ser colaborativo? Um grupo de indivíduos com personalidade forte pode perguntar o que a peça ou o projeto *quer*, em vez de depender somente da dominação hierárquica de uma pessoa? Claro que um projeto precisa de estrutura e um senso de direção, mas o líder pode apontar para a descoberta, em lugar de encenar uma réplica do que ele decidiu de antemão? O quanto podemos resistir ao proclamar "isso é" para perguntar de forma autêntica: "O que é isso?"

A exploração de um tema, a descoberta da encenação e a escavação da linguagem, por exemplo, podem ser um ato coletivo no qual ideias são propostas e ajustes são feitos por todas as partes. Viewpoints e Composição oferecem um caminho para direcionar coletivamente as questões que surgem durante os ensaios. Atores, libertos da busca de aprovação paternal, ganham a responsabilidade de cocriadores do evento. *Viewpoints* e Composição mexem no tabuleiro, fazendo com que cada participante encontre uma razão convincente para estar na sala, para investir no processo e reclamar a sua posse no resultado.

Alguns Presentes Que Recebemos dos Viewpoints

Entrega

Os Viewpoints aliviam a pressão de ter que inventar tudo por si mesmo, de gerar tudo sozinho, de ser interessante e forçar a criatividade. Permitem que nos entreguemos, que possamos cair em um espaço criativo vazio e confiar que há algo lá, outra coisa além do nosso próprio ego ou imaginação, para nos captar. Os Viewpoints nos ajudam a confiar em *deixar algo acontecer* no palco, em vez de *fazer acontecer*. A fonte para a ação e a invenção vem até nós a partir dos outros e a partir do mundo físico ao nosso redor.

Possibilidade

Os Viewpoints nos ajudam a reconhecer as limitações que impomos a nós mesmos e à nossa arte quando habitualmente nos submetemos a uma presumida *autoridade absoluta*, seja ela o texto, o diretor, o professor. Ele nos liberta do enunciado: "Minha personagem nunca faria isso". Nos Viewpoints, não há bom ou mau, certo ou errado – há somente possibilidades e, mais tarde no processo, *escolhas*.

Escolha e Liberdade

Os Viewpoints conduzem a um maior *estado de atenção*, o qual nos conduz para mais *escolhas*, que nos conduz para uma maior *liberdade*. Uma vez que você está consciente de toda uma gama de possibilidades, não precisa escolher tudo o tempo todo; você está *livre* e não mais limitado pela inconsciência. A escala aumenta. Você pode começar a pintar com maior variedade e mestria.

Crescimento

Os Viewpoints se tornam um teste pessoal, um medidor de suas próprias forças e fraquezas, para a descoberta do quanto você está livre e do quanto está inibido, quais são seus próprios padrões e hábitos. Novamente é a *atentividade* que nos oferece este presente – a opção de mudar e crescer.

Inteireza[1]

Os Viewpoints despertam todos os nossos sentidos, deixando claro o quanto e o quão frequentemente vivemos somente em "nossas cabeças" e vemos somente através dos nossos olhos. Por meio dos Viewpoints, aprendemos a ouvir com todo nosso corpo e ver com um sexto sentido. Recebemos informações de níveis que não estávamos cientes que existiam e começamos a nos comunicar com igual profundidade.

---

1 Do original *wholeness*.

4.

Como Começar?

Requisitos Físicos

Um chão de madeira[1] é ideal para a prática dos *Viewpoints*. Superfícies de concreto e carpete não são boas para os joelhos e juntas. Certifique-se de que o chão está limpo e regular, sem saliências ou rachaduras pontudas e perigosas. Remova toda a mobília em excesso da sala ou cômodo e, se possível, encontre um espaço alternativo para as pessoas guardarem seus pertences. A atenção com relação à limpeza e à ordem contribui para um bom ambiente de trabalho.

Os participantes devem estar descalços. O tênis é a segunda opção, caso exista alguma razão para não se estar descalço. Mas, seja como for, assegure-se de não misturar os calçados dos grupos. Se estiverem descalços, as meias devem ser definitivamente tiradas devido ao perigo de escorregar. A roupa não deve restringir o movimento. O cabelo deve ser puxado e prendido atrás e as joias removidas.

Comece pontualmente. Começar e terminar as sessões de trabalho com pontualidade mostra respeito mútuo e acrescenta um senso de ordem que, paradoxalmente, permite mais complexidade e entrega no tempo alocado.

Todos aceitam a responsabilidade pela sua segurança individual e a segurança do grupo. Essa responsabilidade é compartilhada.

---

1 No original, *sprung-wood floor*. As autoras se referem a um chão de madeira utilizado em aulas de dança, em que as madeiras são dispostas sem vão entre si.

A segurança das pessoas não deve ser colocada em risco: tenha certeza de que as pessoas não estão se jogando por aí descuidadamente, e que estão respeitando qualquer lesão anterior que porventura tenham sofrido. Esse trabalho não deve resultar em contusões.

"Se Você Não Pode Dizer, Aponte"

Para introduzir os conceitos básicos por trás dos Viewpoints, é necessário passar por alguns exercícios fundamentais, sobre os quais é muito difícil de se falar. Como escreveu o filósofo austríaco Ludwig Wittgenstein: "Se você não pode dizer, aponte." Os exercícios seguintes "apontam" princípios importantes que são mais bem compreendidos através do fazer do que do descrever. Incentive os participantes a saborearem a experiência dos exercícios e fazerem o melhor que puderem a cada momento. Explique que as questões cruciais serão revisadas verbalmente somente no final da sessão.

EXERCÍCIO 1:
Série de Alongamentos

A primeira sessão inclui muitas corridas e saltos, então é prudente fazer uma série de alongamentos das pernas para soltá-las.

1. Forme uma roda. Comece com os pés mais ou menos na distância dos ombros e vire os dedões levemente para dentro. Solte a cabeça para baixo e deixe os braços soltos. A cada expiração, deixe a tensão do corpo se dissipar. Com as respirações, o relaxamento alcança profundamente os músculos menores. Expire quatro vezes.

2. Juntos, todos trazem sua perna direita para trás, mantendo ambas as pernas esticadas e os calcanhares mantidos no chão. Apoie o peso do corpo sobre a perna esquerda, ainda trabalhando com quatro expirações.

3. Abaixe o joelho direito até mais ou menos cinco centímetros acima do chão, relaxando os músculos da coxa direita. Mantenha o calcanhar esquerdo no chão e, mais uma vez, trabalhe

em quatro expirações. Tente se manter presente, na sala, sem pressa ou aceleração. Em seguida, abaixe os cotovelos até o chão, mantendo o joelho direito fora do chão e o calcanhar direito abaixado. Novamente, respire.

4. Levante-se, com os cotovelos fora do chão, coloque o joelho direito no chão, segure o tornozelo direito com a mão esquerda, abra o peito e estique para a frente o braço direito que está livre. Relaxe os ombros. Respire.

5. Finalmente, repasse as posições anteriores, quatro expirações em cada posição, até que todo mundo ainda esteja, mais uma vez, com ambos os pés na distância dos ombros, com a cabeça levantada. Faça a mesma série de exercícios com o lado oposto do corpo, começando com a perna esquerda para trás.

6. No final, "desenrole" a coluna para a posição vertical. Todos estão em um círculo uniforme, com equidistância entre cada pessoa. Com o *soft focus*[2], todos no círculo devem estar visíveis para todos.

Nota: *Soft focus* será explicado mais detalhadamente ainda neste capítulo. Resumidamente, *soft focus* é um estado físico em que os olhos estão relaxados de forma que, em vez de olhar *para* um objeto ou pessoa específica, o indivíduo permite que a informação visual *chegue* até ele. Com o foco suavizado, o indivíduo expande seu raio de percepção, especialmente a periférica. Ensinamos e praticamos todos os *Viewpoints* iniciais usando o *soft focus*.

EXERCÍCIO 2:
Saudações ao Sol

As saudações ao sol são derivadas da ioga. Na prática tradicional da ioga, o foco é interno. Em nosso treinamento, o foco de cada indivíduo está no grupo inteiro. É importante aprender a perceber

---

2 Optou-se por não traduzir o termo *soft focus* por se tratar de uma expressão que perderia sua potência em outro idioma. Ver notas das autoras nesta mesma página e no final deste capítulo.

o consentimento do grupo como um todo e aprender a apreciar o movimento uníssono. Ninguém lidera e ninguém obedece. É vital cultivar a atenção e uma presença coletiva e compartilhada. As doze saudações ao sol são executadas em uníssono. Para começar, as saudações devem ser bem lentas e então, gradualmente, aceleradas. Depois de cada saudação ao sol, o grupo inspira e expira junto mais uma vez antes de ir para a próxima saudação (exceto para as três últimas, em que não há entre elas uma pausa para a respiração). A coisa mais importante de se ter em mente, além de fazer os exercícios de forma segura, é fazê-los juntos, em uníssono. Aplicar o *soft focus* durante todo o exercício incentiva o olhar periférico e a escuta do corpo de cada participante como um todo; qualidades essenciais para o treinamento em Viewpoints.

1. Em pé no círculo, cada indivíduo deve estar visível para todo o grupo. Manter o *soft focus* e a atenção ao posicionamento de todos. Pés paralelos, à distância dos ombros. As duas palmas das mãos tocam-se em frente ao peito.

2. Ao mesmo tempo todos começam a mover as palmas, ainda se tocando, acima do corpo, até o ponto em que as mãos não conseguem ficar mais juntas. Todos no círculo abrem suas mãos ao mesmo tempo. Os braços continuam a subir até o máximo da extensão. Então, todos flexionam o tronco para trás cuidando para não forçar a região lombar.

3. A seguir o tronco retorna, permanecendo na vertical com os braços ao lado das orelhas, e lentamente desce à frente do corpo até que ambas as mãos toquem totalmente o chão ao lado dos pés. Tudo bem se for necessário flexionar os joelhos para alcançar a posição. Novamente isso é realizado simultaneamente por todos no círculo. *Soft focus* e a escuta ao todo são necessários.

4. Mantendo suas mãos no chão e com a cabeça direcionada para o alto, estender uma das pernas para trás numa posição de ataque com o joelho tocando o chão. O pé, e consequentemente o calcanhar da perna que está à frente, permanece todo apoiado no chão. Todos tiram suas mãos do chão ao mesmo tempo e

inclinam as costas para trás abrindo o peito. Alguns momentos depois, devem encostar as mãos novamente no chão.

5. Depois, mova a perna que está à frente para trás até se unir à posição da outra. Agora leve as nádegas para cima ao mesmo tempo em que alonga o peito e os calcanhares dos dois pés em direção ao chão. Essa posição no ioga chama-se *cachorro olhando para baixo*.

6. Os joelhos começam a descer diretamente ao chão. Todos começam a mover os joelhos ao mesmo tempo e todos os joelhos tocam o chão no mesmo instante. Agora, ambas as mãos e ambos os joelhos suportam você.

7. O torso é movido para baixo até alcançar o chão numa posição de *cobra* pendendo para trás. A cabeça permanece alinhada para frente.

8. Agora, de trás para frente, faça os últimos seis movimentos (passos 2 ao 7). Os dedos dos pés apoiam firmes no chão e os braços empurram novamente para a posição *cachorro olhando para baixo*. Agora, todos se movem em ordem inversa através da última série de movimentos até que o círculo inteiro esteja em pé com as mãos frente ao peito. Durante todos esses movimentos o desafio é fluir através das posições sem parar, tentando se mover em uníssono. Uma vez que o grupo tenha retornado à posição inicial (palmas tocando-se em frente ao peito etc.), o espaço e a integridade do círculo devem ser rearranjados. Então, todos juntos inspiram e expiram uma vez e depois começam novamente toda a sequência de saudação ao sol, mas dessa vez um pouco mais rápido.

Lembre-se: no final das primeiras nove saudações ao sol, o grupo faz uma inspiração e uma expiração em comum. As últimas três devem ser feitas sem essa pausa de respiração entre elas.

Durante as doze saudações ao sol o grupo colabora na aceleração da velocidade. Além de manter o grupo em uníssono e construir a velocidade juntos, esse exercício estimula um senso de liberdade individual dentro de uma forma pré-definida. O grupo deve se sensibilizar em relação às pequenas cargas de energia em comum que são geradas a partir do engajamento físico compartilhado.

As últimas três saudações ao sol, feitas em uma velocidade crescente, vão desafiar o grupo (e cada indivíduo) a trabalhar ainda mais firme para permanecer junto. É importante que a última saudação acabe com todos chegando na posição final ao mesmo tempo.

EXERCÍCIO 3:
Pulos Altos

Ainda em pé no círculo, todos pulam ao mesmo tempo, no lugar onde estão, o mais alto possível. O pulo não é iniciado por nenhum dos indivíduos; ele acontece por conta de um consenso. O objetivo é pular simultaneamente o mais alto possível e aterrissar juntos no mesmo instante, fazendo o mínimo de barulho possível. No ápice do pulo, as pernas dobram até que os pés toquem as nádegas de forma a criar o maior espaço possível entre o corpo e o chão. Esse exercício deve ser repetido até que o grupo descubra junto como executar a tarefa.

EXERCÍCIO 4:
Cinco Imagens

Enquanto os indivíduos correm no mesmo lugar, ainda em círculo, introduza uma série de cinco imagens (veja lista abaixo), uma de cada vez. Os participantes devem tentar visualizar cada imagem em seus corpos da forma mais completa possível. Finalmente, as cinco imagens devem ser experimentadas simultaneamente.

1. Imagine uma linda faixa dourada em volta da sua cabeça que te puxa para cima suavemente.
2. Use *soft focus*.
3. Relaxe os braços e os ombros.
4. Imagine que suas pernas são fortes e musculosas e que seus pés descalços estão acostumados a trabalhar no solo. Vivencie a sensação de estar enraizado.

5. Leve suas mãos ao coração. Encontre o batimento do coração. Estenda os braços para fora e se imagine trabalhando com o coração aberto.

Repita essas instruções até que todas as cinco imagens estejam presentes ao mesmo tempo (a quinta imagem pode existir agora sem que se toque o coração ou gesticule).

Esse exercício é um lembrete de que o corpo forma uma linha entre o céu e a terra, que os une. Incentive os participantes a retornar a essas imagens sempre que se sentirem cansados ou confusos.

EXERCÍCIO 5:
Correndo Para o Centro

Forme um círculo amplo com as pessoas voltadas para o centro e correndo sem sair do lugar. Uma pessoa pode a qualquer momento iniciar uma corrida para o centro do espaço (tenha certeza de que os pés não estão calcados no chão). Naquele milésimo de segundo de iniciação, todos devem correr juntos em direção ao centro, de forma que alguém que esteja observando não perceba quem iniciou. Depois que todos correram em direção ao centro, voltam correndo de costas para restabelecer a circunferência ampla do círculo.

Depois de algumas repetições desse exercício, cada participante irá experienciar em primeira mão que qualquer coisa pode acontecer a qualquer momento e que ele precisa estar completamente presente no momento, pronto para se mover em resposta ao estímulo.

Repita esse exercício até que o grupo consiga comunicar-se com êxito momento a momento.

EXERCÍCIO 6:
Doze/Seis/Quatro

Esse exercício cultiva ouvir e responder de pronto, tanto individualmente quanto em grupo.

Todos correm em círculo na mesma direção e na mesma velocidade. O espaço entre os indivíduos no círculo deve ser equidistante, mantido por cada pessoa que constantemente avalia a distância das suas costas e à sua frente. Com o *soft focus*, cada participante está simultaneamente atento à pessoa na sua frente e à pessoa nas suas costas, *assim como ao grupo inteiro*.

Introduza as três opções a seguir:

1. Sem que ninguém inicie, o grupo inteiro encontra uma forma de *mudar de direção* no mesmo instante. Todos devem se virar para dentro do círculo quando trocam de direção. É importante que o grupo não desacelere para tornar essas mudanças fáceis. A virada deve ser precisa e sucinta. O grupo deve procurar um consenso para agir junto.

2. Enquanto estiverem correndo em círculo, um indivíduo do grupo inicia um *pulo*. Quem inicia deve pular muito alto para que o resto do grupo tenha a oportunidade de se juntar a ele. No momento em que o indivíduo pular, todos devem pular com ele, e todos devem aterrissar no mesmo instante e se manter agachados. Então o grupo todo busca um consenso para continuar e, juntos, todos começam a correr na *direção oposta*.

3. Um indivíduo do grupo também inicia a terceira opção, uma súbita *parada*, enquanto o grupo está correndo em círculo. No momento em que essa pessoa parar, todos param. Esse evento de parada deve ser instantâneo, eficiente e divertido. Após a quietude[3] que sucede a parada, o grupo deve buscar um consenso para continuar correndo, sendo que a corrida deve continuar *na mesma direção* de antes.

Assim que essas três opções forem introduzidas, o grupo deve receber a tarefa de realizar doze mudanças de direção, seis pulos e quatro paradas em qualquer ordem. Lembre-se: as mudanças não são iniciadas por um indivíduo, elas surgem do consentimento do grupo; os pulos e as paradas são originadas por indivíduos do grupo. Alguém de fora deve manter a contagem. É melhor contar de trás

---

3 No original, *stillness*.

para frente de forma que ocasionalmente aquele que estiver contando possa, de vez em quando, avisar o grupo, por exemplo: "seis mudanças, dois pulos e três paradas restantes".

Aprende-se esse exercício tanto observando quanto fazendo-o. Se tiver participantes suficientes, divida-os em dois ou três grupos de forma que todos possam assistir e participar.

Esse exercício ilustra a necessidade de o corpo inteiro ouvir a cada momento. Normalmente assumimos que estamos ouvindo, mas o exercício Doze/Seis/Quatro revela o quanto essa atividade realmente demanda e o quão normalmente estamos desligados uns dos outros no palco.

EXERCÍCIO 7:
A *Perseguição*

Assim que o grupo terminar o exercício Doze/Seis/Quatro, deve se manter em círculo com espaço igual entre os participantes. Indique a direção na qual o círculo irá se movimentar e então peça para cada pessoa imaginar uma razão que a incite a tocar as costas da pessoa que está à sua frente. Então cada um deve encontrar uma razão que igualmente a incite a não ser tocada pelas costas. Peça para cada participante intensificar o seu desejo de tocar a pessoa à frente e de não ser tocado pelas costas. Todos devem estar em um estado de *feedforward*, em que a atenção está focada para fora na antecipação, e preparados para se movimentar ao comando (veja *Feedforward* e *Feedback* no final do capítulo). Diga: "Vá". Cada participante tenta tocar as costas de quem está à sua frente e tenta não ser tocado pelas costas, sem fazer o círculo diminuir e sem nenhum som vocal. Se alguém conseguir tocar as costas de quem está à sua frente, essa pessoa deve tentar manter um contato gentil.

Não deixe esse exercício exceder dez segundos entre cada "Vá". Depois da primeira tentativa, o grupo muda de direção e então cada um vai atrás da pessoa que o estava perseguindo.

Esse exercício cultiva o desejo pela imaginação excitante de uma perseguição. Ajuda a impulsionar o movimento do grupo para uma atividade que envolva todo o corpo, em vez de um exercício teórico.

EXERCÍCIO 8:
Visão Periférica

Após os exercícios 5 a 7, que inclui uma corrida intensa, peça a todos que caminhem livremente em uma experimentação espacial com *presença*. A presença é relacionada ao interesse pessoal pelo momento presente; o interesse é algo que não pode ser falseado ou demonstrado. Todos devem estar em *soft focus*, de forma a desenvolver a atenção para com o grupo e o espaço ao seu redor. Os participantes caminham continuamente durante esse exercício. Enquanto caminham, peça a eles para que tenham como referência o senso imagético do Exercício 4: a sensação de uma faixa dourada puxando para cima, *soft focus*, pernas e pés firmes, coração aberto. Isso será de grande ajuda.

A seguir, cada participante escolhe uma pessoa no grupo para observar sem deixá-la saber que está sendo estudada. Com *soft focus*, não olhe diretamente para a pessoa escolhida, mas veja-a na sua visão periférica. Não a deixe ficar fora de seu campo de visão em nenhum momento. Deixe a informação sobre a pessoa selecionada *vir até você*. Assim você reverterá a forma habitual de como a informação é processada. Em vez de procurar por informação, deixe-a vir até você. Com *soft focus*, perceba a cor das roupas e da pele da pessoa, sua forma única, o ritmo da caminhada etc. Esteja atento ao momento em que você perde o interesse, ao momento em que você não permite que uma nova informação entre. Tente manter-se presente e interessado na informação sobre essa pessoa.

Depois de mais ou menos um minuto de observação, com *soft focus*, peça a todos que liberem essa pessoa de sua visão. Cada participante deve escolher uma nova pessoa, observando novamente do mesmo jeito suave, furtivo, com a tarefa de permitir que as diferenças sejam discernidas e sentidas. As diferenças dessa pessoa em relação à anterior devem ser notadas. As cores são diferentes, os corpos são diferentes e os ritmos são diferentes.

Depois de um minuto ou mais, peça a cada pessoa que adicione mais alguém em sua visão periférica, sem perder o contato com aquele que já estava em observação. Agora são duas pessoas na visão periférica de cada um. Em momento algum essas duas pessoas devem sair do seu campo de visão. Agora com o dobro de informações para sentir e experienciar, peça a cada participante para não agrupar as duas pessoas em sua mente. Mas, em vez disso, que permita que as diferenças dessas duas pessoas surtam efeito. Depois de um tempo, adicione ainda outra pessoa na visão periférica, de forma que os três agora permaneçam no seu campo de visão. Permita que os três mantenham-se distintos e individuais. Depois de um tempo, adicione uma quarta. As mesmas quatro pessoas devem sempre se manter no campo de visão de cada um. Se for possível, adicione a quinta pessoa. Finalmente, peça que liberem os cinco do campo de visão e que voltem a apenas caminhar com *presença* e *interesse*.

Finalmente, peça para todos escolherem uma nova pessoa para observar com *soft focus*. Agora, cada participante deve caminhar diretamente em direção àquela pessoa e parar o mais perto possível dela. É comum que o grupo se divida em um ou dois subgrupos. Uma vez que todos os participantes estejam parados, peça a eles para fecharem os olhos. Lembre ao grupo que há muitas fontes de informação além da visão. O toque, por exemplo, o som e o cheiro, e a sensação de calor ou frio. A informação se infiltra no corpo por muitos lugares. Peça aos participantes para localizar a parte do seu sistema perceptivo que não está ávida para estar presente e receptiva. Por exemplo, talvez um pé esteja afastado ou um ombro esteja tenso. Peça a eles para incluir essa parte do corpo na sensação do momento, e que se permitam receber a informação – *novidades* – de todos os sentidos. Após um minuto ou dois, solicite que eles abram os olhos sem deixar que a visão domine os outros sentidos. Cada participante deve ficar afastado dos demais, mantendo ativo o tempo todo o seu senso de "abertura" e sua elevada percepção sensorial.

Gostaríamos de *apontar* algumas questões cruciais que o treinamento e esses oito exercícios já enfatizaram.

Soft Focus

Soft focus é o estado físico em que permitimos aos olhos suavizar e relaxar de forma que, em vez de olharmos para uma ou duas coisas em um foco afiado, eles possam agora abarcar muitas coisas. Ao retirar a pressão que recai sobre os olhos por serem eles os coletores dominantes e primários de informação, o corpo inteiro começa a ouvir e a coletar informação de novas e mais sensíveis formas.

Em uma cultura governada pelas comodidades, consumo e glorificação do indivíduo, somos ensinados a mirar naquilo que queremos e encontrar formas de consegui-lo. A forma como utilizamos nossos olhos na vida diária implica em procurar aquilo que possa satisfazer nossos desejos particulares. Quando estamos com fome, por exemplo, só vemos padarias. Passamos por lojas e restaurantes na maioria das vezes procurando aquilo que queremos comprar e o que queremos ter. Como um caçador atrás da caça, nossa visão é estreitada por uma série de possibilidades pré-concebidas.

No treinamento em *Viewpoints*, pede-se aos participantes para olharem o que está à sua volta e às outras pessoas *sem* desejo. O exercício 8 inverte nossas formas habituais, aculturadas, de olhar e ver. Isso encoraja o *soft focus*, permitindo ao mundo entrar. Ele desenvolve uma percepção global. O exercício nos pede para não olhar para *fora* em direção àquilo que queremos, procurando uma presa, mas, em vez disso, com o *soft focus*, inverter nosso foco direcional habitual e permitir à informação se mover de forma a *chegar* em nossa direção. Novidades *penetram* nossas sensibilidades. Quando os olhos, que tendem a dominar os sentidos, são suavizados, os outros sentidos ganham igual valor.

> *Quando você não conseguir ver*
> *O que está acontecendo,*
> *Não force o olhar.*
> *Relaxe e olhe suavemente*
> *Com seu olho interior.*
>
> LAO TZU

O desenvolvimento de um artista está relacionado à sua habilidade de perceber as diferenças. Quando crianças, rapidamente categorizamos o mundo em grandes amontoados: casas, pessoas, ruas. Categorizar o mundo torna-o um lugar mais seguro, porque através disso nós domamos o indomável mundo à nossa volta. Todas as coisas, uma vez categorizadas, se tornam menos ameaçadoras para nós, e podem ser seguramente arquivadas. Não domar o mundo e permitir que as diferenças entre as pessoas e entre as ruas e casas sejam sentidas e reconhecidas marca o crescimento de um artista. A capacidade de diferenciar momento a momento é a habilidade mais básica e crucial de um ator/atriz.

Escuta Extraordinária[4]

Para trabalhar efetivamente no teatro, um campo que demanda intensa colaboração, a habilidade de escutar é um ingrediente definidor. E, ainda assim, é muito difícil escutar – realmente escutar. Por meio do treinamento em *Viewpoints*, aprendemos a escutar com o corpo inteiro, com todo o nosso ser. Até você experienciar ouvir com o corpo inteiro, não saberá quão rara é essa ocorrência.

Peça aos participantes para se lembrarem da sensação que tiveram no momento em que o grupo encontrou consenso em mudar de direção, enquanto estavam correndo em círculo no exercício Doze/Seis/Quatro. Aponte que essa sensibilidade de alerta, rapidez, disponibilidade e abertura para o outro, e a sensação de que qualquer coisa pode acontecer, é necessária em cada instante dos *Viewpoints*. Normalmente assumimos que estamos escutando quando, na verdade, estamos preocupados. Escutar envolve o corpo inteiro em relação ao mundo, que está sempre mudando à nossa volta. No treinamento em *Viewpoints* o indivíduo aprende a escutar com o corpo inteiro.

No treinamento em *Viewpoints*, assim como no ensaio, se alguém está sempre procurando um resultado particular premeditado,

---

4 Do original *extraordinary listening*. O sentido de escuta envolve a percepção e a atenção singular e ampliada, pressupondo um comprometimento do corpo como um todo e não somente de um dos órgãos do sentido, no caso, a audição.

muitas coisas que estão acontecendo do lado de fora desses parâmetros não são reconhecidas. Escuta extraordinária significa escutar com o corpo inteiro sem a ideia de um resultado. Quando algo acontece na sala, todos os presentes podem responder instantaneamente, atravessando o lóbulo frontal do cérebro de forma a agir por instinto e intuição.

Contínua Atentividade aos Outros no Tempo e no Espaço

Muito desse treinamento inicial envolve manter todos juntos no Tempo e no Espaço. Enquanto se corre em círculo, tenta-se manter equidistância entre as pessoas: esse é um exemplo de permanecer juntos no Espaço. Quando alguém pula, todos tentam aterrissar simultaneamente: esse é um exemplo de permanecer juntos no Tempo. Esses exercícios servem para ensinar a importância de uma intensa atentividade àquilo que as outras pessoas estão fazendo, onde elas estão e quando estão fazendo. Muitos desses exercícios iniciais são executados em uníssono. Esse trabalho em uníssono representa o ABC do treinamento em *Viewpoints*. Uma vez que você estiver habilitado a se mover verdadeiramente em uníssono com os outros, pode começar a trabalhar com conceitos mais avançados de contraponto, justaposição e contraste.

Feedforward e Feedback

Essa sessão preliminar introduz os dois polos de experiência e energia que precisam ser calibrados e afiados: *feedforward* e *feedback*.

Feedforward é uma energia dinâmica externa que antecipa a necessidade de agir. Jogar vôlei, por exemplo, demanda um intenso uso do *feedforward* à medida que a bola viaja rapidamente pelo espaço.

Feedback é a informação e a sensação que alguém recebe como resultado de uma ação. Enquanto, em um evento esportivo, a energia do *feedforward* é aquilo a que os espectadores predominantemente se conectam, em um evento teatral é também a energia do *feedback* que nos engaja. Como um espectador em uma arena esportiva, provavelmente estaremos interessados na antecipação da próxima ação. Como um observador no teatro, não só somos pegos naquele suspense, mas ainda, e mais poderosamente, investimos no evento por meio de nossa empatia com a experiência do ator/atriz. Por meio de nossa identificação com essa experiência, o teatro se torna um espaço de aguçada vivência tanto em relação à ação que *aconteceu* como àquilo que *acontecerá* em seguida.

5.

Introduzindo os Viewpoints Individuais

Os Viewpoints individuais devem ser introduzidos separadamente, com toda a atenção dos participantes voltada, se não toda, em grande parte ao Viewpoint especificamente nomeado.

Você vai achar sobreposições e conexões entre cada um dos Viewpoints. Um grupo de participantes que esteja especialmente aberto vai muitas vezes em geral, antecipar ou adicionar coisas antes mesmo de você ter introduzido o próximo Viewpoint. Isso acontece naturalmente, é claro, porque os Viewpoints já estão no corpo. Desacelerar o processo e forçar o grupo a manter o foco consciente durante as fases iniciais produzirá mais tarde um alcance e uma fineza maior. Se um número demasiado de muitos Viewpoints for acumulado muito rapidamente, nenhum deles poderá ser explorado com profundidade suficiente.

A cada Viewpoint introduzido individualmente, a informação se acumula. Primeiro, isolamos a atenção num Viewpoint particular, e depois lhe adicionamos outro. Cada um deles é, por sua vez, tratado em seus próprios termos, sendo então adicionado ao que já foi investigado.

Aprender os Viewpoints individuais é como aprender a executar malabarismo. Primeiro há apenas uma bola no ar, depois uma segunda é adicionada, depois uma terceira, uma quarta e assim por diante – quantas bolas você consegue manter no ar antes que todas caiam? Ao introduzir os Viewpoints individuais, preste atenção ao momento em que as bolas começarem a cair. Você descobrirá que um grupo de participantes necessita praticar um Viewpoint específico por algum tempo antes de estar apto a adicionar outro sem perder completamente a atenção com respeito ao primeiro. Ao mesmo tempo, é mais efetivo introduzir a maioria, se não todos os Viewpoints, em uma única sessão. Melhor do que ficar preso a algum, permita que a primeira sessão seja confusa, bagunçada, animada e irresistível. Volte ao básico dos Viewpoints individuais por algumas sessões após o grupo ter tido uma noção geral de como eles funcionam.

Andamento[1]

O Andamento é um bom Viewpoint para se começar quando se introduz os Viewpoints individualmente.

Ao se trabalhar os Viewpoints, o foco não está no *que é* a ação, mas *no quão rápida* ou *lentamente* ela é executada: atentividade à *velocidade*. Para trabalhar com o Andamento isoladamente, você pode escolher qualquer ação (estender um braço, acenar para alguém, virar a cabeça) e experimentar executá-la em diferentes andamentos.

EXERCÍCIO 1:
Andamento, o Básico

1. Escolha uma ação, com início e fim claros.
2. Repita várias vezes, certificando-se de que a forma é exata e reprodutível.
3. Execute a ação em um andamento médio.
4. Execute a ação em um andamento rápido.
5. Execute a ação em um andamento lento.

---

1 O termo original *Tempo* foi traduzido como Andamento, uma vez que se refere à medida de velocidade (Cambridge Dictionary of American English, 2010).

Perceba como a ação de mudar os andamentos altera o significado da ação física. Por exemplo: estou sentado a uma mesa e estico minha mão direita cerca de meio metro sobre ela. (A maioria das ações, quando executadas de início sem pensamento ou contexto, ocorrerá em um andamento *médio*. Então, vamos supor que esse é o andamento em que eu estendo minha mão.) Executo depois a mesma ação *rapidamente*. Em seguida, *lentamente*. Que verbos estão implícitos na realização da mesma ação em diferentes velocidades? O andamento *médio* talvez implique em "tocar" ou "recuperar", enquanto a ação *rápida* pode ser "agarrar" ou "proteger", e a lenta pode ser "seduzir" ou "esgueirar-se". Similarmente, o andamento *rápido* faz-me sentir desesperado, o *lento* me deixa assustado e o *médio* me faz sentir... bem, absolutamente nada. Isso é um dos presentes dos Viewpoints: ao aplicar cada Viewpoint, especialmente nos seus extremos, *convidamos* algo a acontecer.

Como em todos os Viewpoints, o Andamento pode ser praticado tanto em seu próprio benefício (aumentar a consciência e o alcance do Andamento) quanto como uma ferramenta para intensificar a expressividade geral ou, ainda, como pontapé inicial de um momento ou cena. É como alguém que levanta pesos em uma academia – ele pode aumentar o peso simplesmente por aumentar ou para que possa levantar objetos mais pesados em casa ou no trabalho. Um *performer* poderia praticar Andamentos cada vez mais rápidos, de modo que, quando ele/ela estiver no palco, possa acionar esse Andamento com mais consciência e tranquilidade.

EXERCÍCIO 2:
Mudanças de Andamento

Este exercício ajudará a aumentar a atenção do indivíduo aos *extremos* do Andamento, no qual ele/ela não avalia operar ordinariamente. Isso vai expandir o alcance e desenvolver a habilidade do indivíduo de variar entre os extremos dos andamentos de modo instantâneo e inesperado.

1. Faça o grupo ficar em pé em círculo (isso é Topografia, um Viewpoint de Espaço). Cada pessoa deve permanecer a um braço de distância da outra pessoa pelos dois lados (isso é Relação Espacial, outro Viewpoint de Espaço). Certifique-se de que o grupo está em *soft focus*. Faça talvez alguns exercícios com movimentos simples em uníssono (levantar um braço juntos, inclinar-se etc.) com foco na concentração.

2. O grupo deve inclinar-se suavemente, apoiando-se ora em um pé ora no outro. Nesse momento, supondo que você efetuou um aquecimento do grupo em uníssono, permita que o conjunto dos participantes abandone o foco uníssono e se concentre somente no corpo individual e no seu próprio senso de Andamento. Cada pessoa deve agora alternar seu peso de um pé para o outro no seu próprio tempo.

3. Com a atenção nos dois Viewpoints (Forma e Andamento), comece gradualmente a aumentar ambos: um joelho começa a dobrar-se, depois levante a mesma perna de modo a gerar o movimento do andar, e então mude de um pé para o outro, de uma perna para a outra, cada vez mais rápido até você chegar a um agradável, confortável andamento *médio*, correndo no mesmo lugar. Mantenha o *soft focus*. Continue respirando. Por meio do seu *soft focus*, saiba exatamente onde você está na sala, no chão e em sua relação com os que estão ao seu redor. Concentre o foco em você mesmo. A tendência, enquanto se corre no mesmo lugar em um círculo, é que o grupo se mova constantemente para dentro e feche o círculo. Permanecendo em *soft focus*, encontre pontos físicos de referência no espaço para ajudá-lo a manter-se em um lugar fixo. Chame isso de andamento *médio*. É o que lhe parecer *mediano* (confortável). Lembre-se disso, observando como isso faz você sentir, respirar, ver. Você vai retornar a esse ponto.

Nota: Frequentemente, quando você começa a trabalhar em *soft focus*, está se dirigindo ao grupo; alguns irão olhar para você tão logo diga algo – a atração da linguagem é poderosa. Relembre ao grupo ou aos participantes, sempre que for necessário, o *soft focus*.

4. Explique ao grupo que você vai adicionar andamentos a ambos os lados do andamento *médio*, aumentando gradualmente os terminais do espectro. Quando você bater palmas, o grupo deve deslocar-se em um andamento denominado *lento*. Depois, na próxima batida, ele volta para o *médio*. Na seguinte, adicione um andamento *rápido*. Bata palma de novo e retorne ao *médio*: *soft focus*, respiração, manter o círculo.

5. Agora adicione mais dois andamentos ao lado *lento* do espectro. Chame-os de *muito lento* e *o mais lento possível para algo que ainda possa ser chamado de movimento*. Com palmas, mude inesperadamente para diferentes andamentos, em ordens diferentes, e permaneça nesses andamentos por diferentes espaços de tempo (isto é, Duração, um Viewpoint de Tempo). Então adicione mais dois andamentos no lado *rápido* do espectro: *muito rápido* e *hipervelocidade*. *Hipervelocidade* deve ser incentivado de modo que as pessoas corram no lugar tão rápido – mas de forma leve – quanto possam.

Ao trabalhar nos andamentos *rápidos*, equilibre o seu interior, mantendo um senso de calma, silêncio e *lentidão*. Isso é semelhante à ênfase dada ao controle e tranquilidade quando se apresentam coreografias de luta. Cada ação contém em si a sua própria e a sua *oposta*. Pratique a corrida rápido para fora e lenta para dentro. Depois inverta *a lenta para fora e a rápida para dentro*. Quando você desacelerar o andamento, não deixe a energia diminuir.

EXERCÍCIO 3:
Andamento em uma Grade

1. O grupo corre em um andamento *médio*. A uma batida de palmas, eles viram para a sua direita e correm em círculo. Eles se deslocam agora no espaço em vez de correr no mesmo lugar. Mantenha a distância constante entre os corpos. Com *soft focus*, esteja atento ao grupo inteiro, ao círculo inteiro, ao fato de que o círculo é uma Topografia.

2. Com a próxima batida de palmas, o grupo sai do círculo para trabalhar em uma nova Topografia – uma *grade*. Imagine uma série de linhas retas cruzando-se em ângulos de 90°, como um pedaço gigante de papel quadriculado no chão. Os ângulos correspondem às paredes da sala, eliminando todas as curvas e diagonais. Com a próxima batida de palmas, o grupo se move para qualquer lugar das linhas dessa grade imaginária no chão. Eles não precisam ficar juntos como grupo; os indivíduos estão livres para explorar a grade em qualquer direção.

3. Mantenha o seu foco no Andamento – quão rápido você esteja indo. Continuando a trabalhar na grade e em *soft focus*, comece a adicionar *mudanças* de andamento à sua vontade. Os indivíduos estão agora trabalhando por si próprios, simplesmente se mexendo de acordo com as grades em vários padrões e em vários andamentos. Note se há andamentos aos quais você evita ou resiste – e então os adicione! Inclua *hipervelocidade* e *o mais lento que você conseguir e ainda puder chamar de movimento*. Perceba quando você fica entediado. O que você precisa fazer para se surpreender? Enquanto continua a trabalhar na grade com mudanças de andamento, é útil focar a atenção em outro Viewpoint: Duração.

Duração

O Andamento pede-lhe que esteja atento ao registro de *quão rápido* você realiza uma ação; Duração pede-lhe que esteja atento ao registro de *quanto tempo* dura essa ação e/ou o andamento. Ao estender sua mão em um andamento *muito lento*, você pode escolher se quer ficar assim por três ou dez segundos. Ou, para seguir uma das pausas da direção cênica propostas por Pinter[2], como você sabe quando deve proferir a próxima fala ou deixar o silêncio prevalecer por outras três pulsações? Praticar Duração aumenta a capacidade do *performer* de sentir quanto tempo é suficiente para fazer com que

---

2 As autoras referem-se ao dramaturgo inglês Harold Pinter.

algo aconteça no palco e, por outro lado, quanto tempo é tempo demais de modo que algo começa a morrer.

Ao introduzir Duração, é útil escolher uma ação que permaneça constante (nesse caso, movendo-se em uma grade), usada em conjunção com as mudanças de andamento, para que o indivíduo não precise se concentrar em *o que* ele/ela está fazendo, mas somente em *por quanto tempo*.

EXERCÍCIO 4:
Duração e Andamento na Grade

Agora que o grupo trabalhou na grade com mudanças de andamento, peça aos participantes que fiquem atentos aos padrões que estão emergindo. Não apenas aos andamentos nos quais tendem a confiar ou a ignorar, mas também na frequência com que mudam de andamento. Enfatize ao grupo que cada um de seus integrantes está provavelmente mudando seu andamento regularmente, ritmicamente e em períodos curtos. Essa é uma posição padrão recorrente quando se trabalha com Duração.

Assim como em todos os Viewpoints individuais, tendemos a viver em uma zona *média* em relação à Duração; uma zona cinzenta, na qual as coisas duram uma porção de tempo confortável, médio e coerente. Tendemos a nos esquivar de coisas que *duram muito* ou mudam com muita rapidez, isto é, são *muito breves*.

Com isso em mente, trabalhe na grade, continuando com as mudanças de andamento, mas dedicando 90% do seu foco à Duração. Permaneça em andamentos por mais tempo ou menos do que lhe é confortável. Agora, enquanto você se move pela grade, está experimentando não apenas o quão rápido você pode ir, mas por quanto tempo pode permanecer em cada velocidade.

Fique atento a uma espécie de código Morse que você está criando ao longo do tempo – traços compridos, pontos curtos. Mantenha-se interessado. Surpreenda-se. O significado é criado ao longo do tempo pelas diferentes combinações entre durações: looooooooooongo--curto-curto-curto! Médio-médio-médio-médio-curto-médio.

Para explicar:

1. Depois de adicionar mudanças de andamento e duração, adicione *mudanças de direção* na grade. Agora as pessoas podem se mover para frente, para trás ou para o lado.
2. Adicione *mudanças de níveis*, de modo que a grade visualizada na mente não seja bidimensional no chão, mas tridimensional no espaço. Agora as pessoas podem se deslocar na ponta dos dedos, tão mais alto quanto possível, ou rastejar, tão mais baixo quanto possível. Certifique-se de que o foco está no Andamento e na Duração e que, aumentando a atenção ao espaço vertical e aos diferentes meios de se deslocar, as pessoas não fiquem engajadas em jogo com a Forma.
3. Adicione *paradas* e *começos*.
4. Por algum tempo, esqueça tudo, menos a *velocidade máxima* e o *ficar parado*. Essas são as duas únicas opções. Devore o espaço sem medo. Veja por meio de suas costas. Mantenha a energia interna e externa em equilíbrio, de modo que você trabalhe com um senso de calma interior e lentidão quando se deslocar em hipervelocidade, e um senso de ímpeto interior quando estiver se movendo vagarosamente.
5. Você, como líder do grupo, será capaz de dizer se alguém predeterminou onde eles vão parar ou quando vão iniciar. Aponte isso. Diga: "Posso ver onde vocês pararam porque vocês já decidiram". Continue lembrando-os de que devem surpreender-se.

Resposta Cinestésica

EXERCÍCIO 5:
Introduzindo a Resposta Cinestésica na Grade

Continuando a trabalhar com *paradas* e *partidas* na grade, comece a mudar grande parte de seu foco do Andamento e da Duração para a Resposta Cinestésica. Resposta Cinestésica é sua reação física espontânea ao movimento que está fora de você. Ponha seu foco em outros corpos no espaço e deixe suas paradas e seus começos serem determinados por *eles*. Deixe que a decisão de se mover ou de ficar parado seja tomada quando os outros o afetarem, quando eles passarem por você, moverem-se ao seu redor, pararem ao seu redor etc. Ao focar na Resposta Cinestésica, você estará trabalhando agora no *quando*, em vez do *quão rápido* (Andamento) ou *por quanto tempo* você se move (Duração).

Um momento crucial no treinamento em Viewpoints

Até este momento, os participantes estavam atuando com o Andamento e Duração do seu próprio jeito na grade. Esse é o momento em que introduzimos o imperativo da renúncia à escolha (pelo menos por enquanto). Não cabe mais a você escolher o que está certo ou errado, o que é bom ou mau – mas, sim, fazer *uso de tudo*. Se alguém passa correndo por você – use isso! Se o grupo de repente passa para um movimento lento – use isso! Permita que tudo mude você. Embora seja este um dos estágios mais difíceis do processo, ele também pode ser o mais libertador. Esse é o momento em que você retira do indivíduo o ônus de "ser interessante", de "ser inventivo", de "criar coisas". Se o indivíduo está aberto, escuta com todo o seu corpo, vê o mundo por meio de *soft focus*, precisa apenas receber e reagir.

Essa é a Resposta Cinestésica (um Viewpoint de Tempo): a imediata, não censurada, resposta a um evento externo a você.

Repetição

EXERCÍCIO 6:
Introduzindo a Repetição na Grade

A seguir, foque na Repetição. Deixe o *quando* você se move (Resposta Cinestésica), o *como* você se move (Andamento) e o *por quanto tempo* você se move (Duração) serem determinados pela Repetição.

1. Pare de pensar em Andamento, Duração e Resposta Cinestésica. Concentre-se na Repetição. Todo o seu movimento deve ser agora determinado pela repetição do movimento de outra pessoa, seja o seu caminho, a sua direção, sua velocidade, as suas paradas e suas partidas etc. Siga alguém, seja a sua sombra a acompanhá-lo. Não se prenda a ninguém. Mude constantemente para uma nova pessoa, à medida que ela entra no seu campo de atuação.

2. Pratique repetir o movimento de alguém que esteja muito longe de você e de alguém que esteja muito perto.

3. Agora repita o movimento de duas pessoas em vez de uma só. Trabalhe com a repetição do *padrão de postura no chão* de uma pessoa e do Andamento de outra.

4. Faça uso de sua *atentividade* da Repetição ao longo do tempo, para que você possa reciclar e incorporar um movimento que ocorreu anteriormente no exercício. Deixe que seu corpo seja levado, lançado ao redor da grade, irrompa entre outros corpos, repetindo *tudo* o que você vê e ouve, com seu *soft focus* e escutando pelas costas, para que você use o movimento que esteja ocorrendo em todos os seus lados, não apenas à sua frente.

Relação Espacial

EXERCÍCIO 7:
Introduzindo a Relação Espacial na Grade

1. O grupo se move pela grade, relaxando a atenção, deixando o instinto carregá-lo, em vez de ser guiado por um Viewpoint particular. Permita que isso prossiga por um minuto ou dois, ou até que o grupo esteja se movendo livre e naturalmente, sem impor ideias a seus padrões de movimentos. Bata palmas para fazer o grupo parar e mantê-lo imóvel.

2. Peça aos participantes para que percebam o espaço entre eles mesmos e os outros. A distância entre os corpos. Isso é Relação

Espacial. Peça-lhes que notem quão regular é o espaço (o que vai ser mais ou menos nesse ponto do treinamento).

Como já observamos antes, ao introduzir outros Viewpoints, tendemos a operar em um espaço que é muito no-meio-do-caminho, sem extremos, com muita segurança e conforto. Em Relação Espacial, isso se traduz numa consistência da distância entre os corpos, geralmente de um a dois metros. Essa é a distância que mantemos dos outros e na qual passamos a maior parte da nossa vida. É a distância que guardamos enquanto conversamos, quando trocamos apertos de mãos, quando fazemos uma refeição. Tendemos a manter esse amortecedor de espaço como proteção, e quando começamos a aumentar ou diminuir esse espaço, começamos a criar dinâmica, evento, *relacionamento*.

3. Com a sua próxima batida, o grupo começa a se mover na grade novamente, em ângulos de 90° – agora trabalhando com uma aguda percepção de espaço. Faça-os saber que agora eles devem tomar decisões por si próprios sobre quando e onde irem, baseados somente no *onde* as outras pessoas estão. Eles devem trabalhar nos extremos de *ir muito perto* ou *muito longe* dos outros. Tente trabalhar espontaneamente. Mude enquanto as pessoas mudam ao seu redor.

4. Pare o grupo novamente com uma batida de palmas. Note como as relações espaciais no grupo mudaram: elas são mais interessantes, mais notáveis, mais potentes. Algo começa a acontecer no espaço quando lhe prestamos atenção.

5. Depois de introduzir os Viewpoints individuais na grade, você pode fazer exercícios que combinem Viewpoints ou ingredientes de várias formas:

6. Trabalhe na grade apenas com *hipervelocidade* ou *imobilidade*. Corra sem medo. Corra com entrega de si. Corra com confiança.

7. Trabalhe na grade com *níveis* e Relação Espacial.

8. Trabalhe na grade apenas com *hipervelocidade* ou *imobilidade*, incorporando níveis e Relação Espacial etc.

Você pode propor uma estrutura em qualquer combinação que você avalie como a mais desafiante ou útil para o grupo específico.

TOPOGRAFIA

Transição da Grade:
Introduzindo a Topografia

1. PADRÕES BÁSICOS. Introduza a Topografia solicitando que a grade em si é, ela própria, uma topografia, que o grupo já estava trabalhando com Topografia. Agora mude a imagem da grade para uma série de círculos. Trabalhe com curvas e rotações. Mude de círculos para zigue-zagues ou diagonais.

   Ao trabalhar na grade, você pode introduzir níveis – pedindo ao grupo para imaginar a grade não como bidimensional (apenas o chão), mas tridimensional, a estender-se para cima e pela sala como uma estrutura imaginária. Com essa imagem em mente, o grupo pode explorar altura e profundidade na grade, trabalhando em uma topografia que é uma paisagem multidimensional, em vez de um simples padrão que fica ao rés do chão.

2. PINTANDO NO CHÃO. Deixe a grade dissolver-se abaixo de seus pés e, no seu lugar, imagine uma nova topografia de sua própria criação. (Nesse ponto, cada indivíduo precisa abdicar do foco do grupo e voltar-se para um foco solo.) Imagine que tenha sido aplicada à sola de seus pés tinta vermelha e você está agora pintando o chão. Crie várias topografias pintando o chão. Trabalhe intercambiando constantemente combinações de círculos, zigue-zagues e linhas retas.

3. TAMANHO DAS TELAS[3]. Retorne, por um momento, a um padrão básico de chão. Mantenha esse exato padrão enquanto mudar o tamanho dele. Se você trabalhou com círculos pequenos, expanda-os para que eles ocupem toda a sala; se você transcorreu todo

---

3 A palavra *tela*, nesse caso, se refere a uma espécie de superfície em branco, na qual a expressão artística acontece. No original, o termo utilizado é *canvas*.

o chão, use o mesmo padrão de chão para trabalhar em miniatura em um único canto da sala etc.

4. FORMA DAS TELAS. A seguir, atente para a forma do espaço de atuação. Se você está trabalhando em um canto da sala, realmente defina-a no chão para você mesmo com limites invisíveis. Trabalhe dentro de um quadrado. Ou trabalhe dentro de um círculo no centro da sala. Ou trabalhe dentro de um retângulo na ponta mais distante do espaço de atuação (com frequência nos referimos a essa área extrema da boca de cena como *in one*, um termo derivado do vaudevile). Você está trabalhando agora com o próprio padrão, tamanho do padrão e forma do espaço de atuação.

Enquanto trabalha com *forma* do espaço de atuação, *tamanho* do espaço de atuação e *padrão* dentro do espaço de atuação, mude um, porém mantenha os outros dois. Por exemplo, se você está trabalhando com zigue-zagues, faça-o em um pequeno quadrado. Agora mude o padrão de chão para que se tornem círculos dentro do círculo. Agora mantenha o padrão, isto é (os círculos), porém mude a forma do espaço de atuação, isto é, fazendo círculos dentro de um triângulo. Agora mude o tamanho do espaço de atuação, alargando o triângulo para que alcance os três cantos da sala.

No início é, em geral, necessário, quando se trabalha com Topografia, que o grupo mantenha 10% de atenção no Andamento. A tendência natural de qualquer grupo será a de trabalhar Topografia em um andamento *rápido*, mas *calmo* (assim como nós descobrimos mais tarde que é natural, em princípio, trabalhar Forma em um andamento *lento*). Trabalhando-se a Topografia em um andamento *muito rápido* ou *lento*, novos padrões irão aparecer.

Se você precisar de um intervalo, pode fazê-lo nesse estágio do processo, antes de introduzir os Viewpoints de Forma, Gesto e Arquitetura. Certifique-se de que não fará um intervalo longo demais antes de terminar a introdução de todos os Viewpoints e de juntá-los ou no Open Viewpoints ou no Trabalho na Raia (os dois serão descritos em pormenor no próximo capítulo). Um descanso de dois a cinco minutos (permitindo às pessoas irem ao banheiro ou beberem água) é bom, mas uma pausa de quinze minutos, dando tempo para se desaquecerem e/ou mudarem de estado de espírito e mental conquistado, não é indicado. É muito útil nas primeiras sessões do treinamento em Viewpoints *empurrar* o grupo – levá--los a um estado de elevado esforço físico e concentração mental.

Forma

EXERCÍCIO 8:
Introduzindo Forma, o Básico

1. LINHAS. Todos ficam de pé, em algum lugar do espaço, focando o seu corpo, começando numa posição neutra e relaxada (*soft focus*). Perceba que seu corpo já está compondo uma forma. Isto é, um contorno contraposto ao espaço, uma silhueta. Tenha uma clara noção dessa forma como se fosse contrapor-se a um céu em expansão ou um ciclorama. Permanecendo em seu lugar, comece a criar novas formas, movimentando partes de seu corpo, concentrando-se primeiro em formas que são *lineares* ou *angulares*. (Na pintura, é uma prática comum desconstruir e entender a forma como uma combinação de linhas e curvas.) Faça apenas formas que incluem ângulos, linhas e arestas rijas. Use partes de seu corpo além dos braços e pernas: use seu cotovelo, joelho e língua. Continue prestando atenção na *legibilidade*, por exemplo, o quão fácil é *ler* a forma pelo plano externo.

2. CURVAS. Agora pegue as formas que você está fazendo e as transponha em formas que são *curvas* ou *circulares*. Toda forma deve incluir, agora, apenas linhas e cantos arredondados. Note as diferentes sensações que são evocadas por você pelas curvas em vez dos ângulos.

3. COMBINAÇÃO. Combine linhas e curvas no seu corpo, isolando diferentes partes dele e tendo uma delas em uma linha reta e outra em uma curva suave. Experimente com diferentes

combinações. Crie contraste, justaposição e tensão em suas várias formas.

4. FLUIDEZ E ESPONTANEIDADE. Note como você está fazendo uma forma, detenha-se e depois inicie uma nova. Tente manter o movimento fluido, para que uma forma leve à outra, para que o processo seja uma forma *a evolver em* outra. Deixe a forma em si conduzi-lo, em vez de você conduzir a forma. A seguir, adicione mudanças de andamento e observe como os andamentos diferentes levam a diferentes tipos de formas. Deixe os andamentos variados levá-lo à espontaneidade; trabalhar em um andamento mais rápido vai lhe dar menos tempo para predeterminar.

5. PERCURSO. A forma pode ser estacionária ou móvel. Pegue a forma exata em que você está e comece a mover-se pelo espaço com ela, permitindo que a própria forma dite um novo meio, provavelmente não usual, de percorrer o espaço. À medida que você atravessa a sala, permita à forma evolver. Ache novas formas com as/nas quais você possa se deslocar.

6. OUTROS. A forma pode ser criada individualmente ou com os outros. Enquanto você percorre todo o espaço na Forma, permita o contato com outras formas (nesse caso, pessoas). Permita que suas formas se fundam e se desloquem para que você crie agora *uma* forma a partir de dois ou três corpos.

Nesse ponto, a tendência usual de um grupo enquanto trabalha com Forma é levá-la para um centro, transformando-se em um único amontoado amorfo de corpos que quase resvalam. Provavelmente, o grupo vai terminar no chão, emaranhando-se uns nos outros numa massa imprecisa, sem uma definição legível. Você vai precisar apontar-lhes esse fato, peça-lhes que o observem. Encoraje-os a trabalhar apenas com uma ou duas pessoas, compondo formas gráficas e fortes que se descentralizam em vez de se centralizarem.

7. PERCORRENDO COM OUTROS. Com a forma em que você está com seu(s) parceiro(s), desloque-se. Enquanto se movem, permita mudanças. À medida que você se encontra com outros, solte-se

de seu(s) parceiro(s) inicial(is) e veja-se em novas formas com novo(s) parceiro(s). Pratique *ver-se* em algum lugar, em alguma posição, em alguma forma, sem planejamento. Permita que as coisas aconteçam. Abra-se a encontros-surpresa.

Gesto

Ao trabalhar o Gesto, investigaremos duas categorias: o Comportamental e o Expressivo. Gestos Comportamentais são aqueles que pertencem à vida cotidiana, que são parte do comportamento humano como nós o conhecemos e observamos. São essas coisas que as pessoas realmente fazem na vida real: formas de se mover, de caminhar, de se comunicar. Gestos Expressivos são aqueles que pertencem ao mundo interior mais do que ao mundo exterior (do comportamento); eles expressam sentimentos ou significados que, do outro modo, não são manifestados diretamente. Alguém poderia dizer que Gestos Comportamentais são *prosaicos* e Gestos Expressivos são *poéticos*.

EXERCÍCIO 9:
Gesto Expressivo

1. COMEÇANDO. Se você está fazendo a transição a partir da introdução da Forma, é melhor trabalhar primeiro no Gesto Expressivo. Comece simplesmente encorajando o grupo a pensar que o que eles estão fazendo não se aparenta mais como Forma, porém como Gesto Expressivo. O que vai mudar é que agora estamos trabalhando com: 1. algo *por trás* do movimento (um sentimento, um pensamento, uma ideia); e 2. um começo, meio e fim para o movimento.

2. EXPRESSANDO EMOÇÕES. Expresse algo com seus gestos. Expresse um sentimento. Faça um gesto que expresse um sentimento de *alegria*. Faça um gesto que expresse um sentimento de *raiva*. Faça um gesto que expresse um sentimento de *medo*. Faça um gesto

que expresse um sentimento de *tristeza*. Mova-se pelo espaço com esse gesto. Repita-o. Refine-o. Deixe-o evoluir.

3. EXPRESSANDO IDEIAS. Agora trabalhe com gestos que expressem uma ideia. Por exemplo, expresse a ideia de *liberdade* em um movimento. Expresse o conceito de *justiça*. Agora faça o mesmo com a ideia de *guerra, equilíbrio, caos* e *cosmos*.

É útil pedir ao grupo que note aquelas partes do corpo em que eles tendem a confiar e aquelas que eles ignoram. Todos os nove Viewpoints podem servir como um teste pessoal, como o tornassol, um método para determinar onde estão as forças e as fraquezas do indivíduo, que hábitos são repetidos e que territórios são inexplorados.

4. USANDO O CORPO TODO. Inclua as partes do corpo com que você não está acostumado a trabalhar – inclua todas as partes de seu corpo. Trabalhe dos pés à cabeça; faça um Gesto Expressivo, primeiro com os dedos dos pés, depois com os calcanhares, depois com o pé inteiro, depois com os tornozelos etc.

EXERCÍCIO 10:
Gesto Comportamental

1. COMEÇANDO. Pegue qualquer gesto que você esteja fazendo e deixe-o evoluir de um gesto Expressivo para um Comportamental. Isso significa tirar algo relativamente abstrato, que você normalmente não vê ninguém fazer, e transformá-lo em algo relativamente concreto, que você pode ver alguém fazer na rua, em casa ou no escritório.

É importante que, enquanto o grupo é levado a gerar uma quantidade e variedade de gestos nos passos seguintes, que ele seja estimulado a fazê-los rapidamente, sem premeditação ou julgamento. Sem dúvida, o que vai emergir desse bolo inicial de gestos estará cheio de clichês e estereótipos. Isso não é somente bom, mas encorajador. É importante que comecemos exatamente com quem somos, com o que pensamos, com o que preconcebemos, mais do que com alguma noção que temos sobre quem *deveríamos* ser e como *deveríamos* pensar. Mais uma vez, se trabalhamos espontaneamente e honestamente, o treinamento em Viewpoints é um convite para observarmos a nós mesmos, um portão para maior consciência.

2. CORPO E SAÚDE. Crie gestos que dão informações sobre o corpo de uma pessoa e sua saúde física. Isso inclui machucados, cicatrizes, deficiências; respostas/expressões de saúde e doença, como um espirro, um bocejo, um andar alegre, o girar de um pescoço etc.; e reações ao clima, como tremedeiras, gotas de suor, abanar-se, abotoar- -se, colocar a mão para fora de modo a sentir a chuva ou a neve etc.

3. PERÍODO DO TEMPO E CULTURAS. Faça gestos que pertençam a um período específico ou a uma cultura, por exemplo: gestos que são elisabetanos ou jacobianos; gestos que são da década de 1920, de 1950 ou 1960; gestos que são da atualidade; ou gestos que são específicos das culturas francesa, italiana ou alemã. Veja se períodos específicos evocam andamentos, formas, usos de arquitetura específicos. Por exemplo, quando trabalhar com gestos de 1920, você pode notar como o grupo se move rapidamente, em um estouro de *staccato*, como o grupo emprega formas que são mais angulares do que circulares etc. Peça ao grupo que note esses padrões que emergem.

Essa é uma forma importante em que o treinamento em Viewpoints pode levar diretamente a um processo de ensaio, seja quando se trabalha com um texto existente ou na geração de uma peça original. É o método *aponte-e-nomeie* a fim de criar um vocabulário para a peça específica (ver capítulo 10, "Os Viewpoints no Ensaio", p. 147). Ao *apontar e nomear* padrões que emergem de um determinado tema ou assunto, você começa a definir um vocabulário físico específico para sua produção de acordo com esses temas e assuntos específicos.

4. IDIOSSINCRASIAS. Faça gestos que contenham as excentricidades de uma pessoa, seus cacoetes e/ou hábitos: tiques, uma forma de se coçar, aprumar a cabeça, morder os lábios, franzir o nariz, bater o pé, uma forma estranha de dobrar o cotovelo.

5. GÊNERO. Faça gestos que pertençam a gêneros específicos, por exemplo:
   - Que gestos são pertinentes aos filmes *noir*?
   - Que gestos são pertinentes aos filmes do Velho Oeste?
   - Que gestos são pertinentes à comédia de palhaços, a programas de perguntas e respostas, ao melodrama do século XIX, à *Commedia dell'Arte* e assim por diante?
6. CONOTAÇÃO. Faça uma série de gestos que *digam* algo, que tenham pensamento e/ou intenção por trás deles. Por exemplo, em termos de *intenção*, faça um gesto que complete sua *intenção* de seduzir alguém ou ferir alguém; trabalhe com "entreter" ou "avisar" ou "acalmar".

   Para gestos que têm *pensamento* ou *palavras* por trás deles, expresse as palavras por meio de Gesto. Por exemplo, fale o seguinte por meio de Gesto: "Olá", "Vá se ferrar", "E aí?", "Venha aqui", "Basta!" etc. Faça mais gestos. Comunique-se. Se você permitir que, no grupo, uns se comuniquem de forma direta com os outros pelo Gesto, não deixe de lembrá-los do *soft focus*, para que a troca aconteça por meio de Gesto e sem contato visual.

   Como uma variação, e para aumentar as especificidades, você pode trabalhar com maior profundidade em uma ou duas frases, jogando com graus e relacionamento. Por exemplo, faça um gesto para "Olá", depois repita isso como se fosse para alguém que você conhece bem, depois para alguém que você nunca viu antes. Faça novos gestos para "Prazer em te conhecer". Faça um gesto que diga "Oie!" mais do que "Olá". Então, pelo Gesto, continue com variação de: "Saudações", "Bem-vindo", "Cumprimentos", "E aí, pessoal" e "Qual é?"
7. USANDO O CORPO TODO. Use mais partes do seu corpo para gerar Gestos Comportamentais. Use partes menores: um dedo da mão, um dedo do pé, uma sobrancelha, o canto do seu lábio.

Arquitetura

EXERCÍCIO 11:
Introduzindo Arquitetura

1. O CHÃO DEBAIXO DOS SEUS PÉS. Mude sua atenção para a arquitetura que *já está* aí, com a qual você *já está* trabalhando (ainda que de maneira inconsciente). Nós sempre, em maior ou menor grau, nos posicionamos em relação à matéria: paredes, objetos em que nos sentamos ou perto dos quais ficamos em pé, ou longe, colunas em que nos apoiamos, mesas em que nos apoiamos, espaços nos quais nos colocamos no centro ou em que procuramos os cantos etc.

   Note seus pés no solo. Existe algum padrão ou fita no chão? Note as paredes e o quão perto ou longe elas estão de você. Como a luz está chegando à sala? Qual é a textura da madeira em que repousa sua mão? Tenha uma aguda percepção de onde você está exatamente e deixe essa arquitetura informar seu movimento. Dance com a sala. Deixe que ela lhe diga o que fazer, onde ir, como se mover. Deixe a sala determinar as suas formas, seus gestos, seus andamentos, suas topografias.

2. MATÉRIA SÓLIDA. Deixe que diferentes matérias sólidas no espaço lhe sugiram movimento. Dance de acordo com a forma de uma cadeira. Ande ao longo da parede. Suba nos parapeitos. Apoie-se nos postes.

3. TEXTURA. Foque não apenas na matéria, peso e estrutura de um elemento, mas também na sua textura – não o que ela é, mas do que é *feita*. Se você estiver trabalhando com uma máscara, fique atento se ela é feita de pano, metal ou madeira, se é quente ou fria – deixe que isso informe seu andamento, seu *tamanho* etc. Mova-se em torno da sala, permitindo que sua dança mude conforme os materiais que você toca.

4. LUZ. Dance com as luzes da sala. Trabalhe o padrão dos acessórios de iluminação ou onde estão as janelas. Trabalhe com ou contra a luz. Mova-se em direção a ela ou para longe dela. Faça sombras.

5. COR. Dance com as cores da sala. Talvez você se mova para pontos vermelhos na sala ou seus movimentos sejam inspirados pela cor da roupa que os outros estão usando. Talvez o vermelho se torne um motivo e sugira uma história ou um tema. Em qualquer evento, você está praticando a sensibilidade a padrões de cor que são normalmente negligenciados.

6. OBJETOS. Dance com objetos pequenos ou com artefatos no espaço. Ache objetos que possam ser movidos, que possam viajar pela sala com você ou que se abrem e se fechem: cadeira, vassoura, livro, cabides, lata de tinta. Mova-se com esse objeto. Desenvolva uma relação com ele. Deixe-o provocá-lo, desafiá-lo, dê a si próprio um obstáculo. Brinque com ele. Transforme-o em outra coisa. Veja-o e explore-o por suas qualidades grosseiras, mais do que por suas qualidades funcionais.

7. INCLUINDO OUTROS. Inclua os objetos que as pessoas ao seu redor estão usando – junte-se a eles. Não se apegue à sua própria atividade, excluindo o que realmente se passa à sua frente, no seu caminho. Vá até outro evento na sala... e outro.

8. TODO O ESPAÇO. Nesse momento, o grupo provavelmente ainda estará trabalhando com os perímetros implícitos de sua *área de jogo*. Encoraje-os a incluir todo o espaço, não apenas uma noção polida e preconcebida daquilo que é ou não é *espaço de palco*. Diga-lhes que quebrem a quarta parede. Vá para trás das mesas. Use as elevações, isto é, as partes verticais dos degraus da escada, latas de lixo, a porta do corredor. Veja e inclua inteiramente a sala com a qual você está trabalhando – não apenas onde há luz ou espaço vazio.

9. ARQUITETURA DISTANTE. Mude seu foco para que você não trabalhe mais exclusivamente com a arquitetura abaixo de seus pés ou à sua mão, mas também com a arquitetura que está afastada, do outro lado da sala. Dance com a porta oposta. Mantenha diálogo com um objeto distante.

Terminando a Primeira Grande Sessão

Gradualmente, reintroduza os Viewpoints. Você deve lembrar aos participantes que agora eles estão trabalhando com todos os Viewpoints: Arquitetura, Forma, Gesto, Topografia, Resposta Cinestésica, Repetição, Relação Espacial, Andamento e Duração. Permita que o grupo trabalhe em Open Viewpoints, lembrando-os ocasionalmente dos Viewpoints individuais que eles pareçam estar aquecendo. Sua orientação pode ajudar a inseri-los em um lugar novo e vivo. Deixe-os trabalhar com todos os Viewpoints, usando todo o espaço, por dez a quinze minutos. Então peça-lhes que parem. Solicite que eles parem onde estão, que respirem, que fiquem atentos à energia ao seu redor, que fiquem atentos aos Viewpoints, a sua própria Relação Espacial, Forma etc. Diga-lhes: "Fechem os olhos. Fiquem atentos a tudo o que vocês sentirem pelo olfato, som e energia". Faça-os reconhecer o quanto os olhos são naturalmente dominantes e o quanto mais de informação há para ser absorvida quando eles não mais se apoiam na visão. E diga-lhes que *relaxem.*

Exercícios Adicionais Para Focar nos Viewpoints Individuais

Existem muitas maneiras de se introduzir os Viewpoints individuais. Outra sequência que usamos inúmeras vezes é: 1. Relação Espacial; 2. adicione Resposta Cinestésica; 3. adicione Andamento; 4. adicione Duração.

EXERCÍCIO 1:
*Alternativa Para Introduzir Relação Espacial
em um Espaço Aberto*

Relação Espacial é um bom Viewpoint para começar no segundo ou no terceiro dia de treinamento, ou para iniciar a sessão de revisão. Ela simplesmente foca de um modo imediato a atenção do indivíduo no grupo, levando-o a experimentar-se como parte de um todo maior. Você pode iniciar o trabalho com Relação Espacial de uma forma calma e relaxada simplesmente pedindo ao grupo que comece a mover-se continuadamente pelo espaço (com qualquer energia que eles tragam naquele dia). Comece onde você estiver, com o que você tem, atente ao que está acontecendo ao seu redor e deixe que isso o leve. Remova toda a pressão no sentido de inventar ou entreter.

EXERCÍCIO 2:
Primeiro Foco – Distâncias Extremas

O grupo se move pelo espaço em qualquer andamento, incluindo *partidas* e *paradas* (como sempre, *soft focus*). Foque na Relação Espacial. Note quando você começa a sentir que algo está acontecendo. Trabalhe com relações espaciais mais extremas. Vá o mais perto possível para junto de alguém: toque-o, ouça sua respiração, cheire-o. E depois trabalhe com alguém muito longe de você: sinta a tensão, aumente-a, deixe o espaço mais tenso. Nesse exercício, o único objetivo é manter proximidade ou distância *extremas*, viver nesse estado de vivacidade, ser sensível a quando esse estado morre e nada acontece, dar de novo a partida da ocorrência, movendo-se simplesmente para mais perto ou mais longe de qualquer outro corpo.

EXERCÍCIO 3:
Linhas e Aglomerados

Imagine-se como um pingo de luz, como pontos em um jogo de *Lite Brite*[4], formando distintas constelações e padrões. Forme, dissolva e reforme. Faça aglomerados, linhas, redemoinhos. Se o grupo, nesse momento, estiver trabalhando sem uma forte definição de padrões, encoraje-o a focar somente em conjunto na criação de linhas e a permanecer nesta relação espacial particular até que todos os participantes a estejam sentindo. E então peça para uma pessoa começar a se mover, ir para qualquer lugar e deter-se, e a

---

4   Um brinquedo que emite energia elétrica.

outros para que instantaneamente entrem em ação movendo-se para uma nova posição, de modo a criar uma nova linha com um novo comprimento ou diagonal etc., em relação à pessoa que você pediu para se movimentar primeiro. Você pode praticar a mesma coisa quando criar aglomerados.

EXERCÍCIO 4:
Números

Continue trabalhando com a Relação Espacial, focando nas dinâmicas criadas pelos números. Vamos supor que o grupo tenha doze membros. Peça-lhes que cada um trabalhe contra os onze, que se movam no espaço atentos à Relação Espacial, mas estejam o tempo todo em uma formação de onze indivíduos em contraste com um indivíduo (isso pode significar que os onze vão para um lado da sala e um para o outro, ou pode significar que os onze formem um círculo em torno de um etc.). Você pode variar os números para, por exemplo, seis contra seis, ou seis pares de dois.

EXERCÍCIO 5:
Padrão de Chão – Expressando Personagem

Pense em alguém na sua vida que possua um traço forte, pode ser uma pessoa que exerça um forte efeito sobre você ou uma personalidade especialmente colorida. Expresse a *personagem* dele(a) em um padrão de chão. Trata-se de alguém que está precisamente dirigido e se move em linhas retas, ou de alguém que faz um Jackson Pollock no chão, ou que gosta de ocupar espaço, ou que se esconde nas periferias? Escolha outra pessoa e trabalhe expressando-a como você a sente na essência, em um padrão de chão. Escolha outra. Certifique-se de que essas três pessoas estão claramente diferenciadas.

EXERCÍCIO 6:
Padrão de Chão – História de Vida

Expresse a história da sua vida por uma topografia. Crie um padrão de chão que tenha uma jornada (um começo, meio e fim claros), e com mudanças que corresponderiam a *capítulos* de sua vida: sua vida começa de um modo pequeno ou grande? Seus primeiros anos são lineares ou circulares? Há um período durante o qual você simplesmente *para*? Você volta e repete padrões? Há um tempo em que você se atira inesperadamente para frente? Há pelo menos uma direção clara, um objetivo – ou o padrão é sinuoso?

Alternativa 1. Peça a um participante para apresentar sua história. Você pode solicitar a membros do grupo que estavam assistindo para contar a história como elas perceberam. Não há certo ou errado aqui – não é um jogo de adivinhação, porém uma oportunidade de notar o que foi legível, expressivo, comovente.

Alternativa 2. Peça a um participante que faça sua história enquanto fala de si próprio, a partir do interior da história, na primeira pessoa do presente do indicativo. Ele não precisa *atuar*, forçar eventos ou explicar coisas. Deve simplesmente verbalizar um fluxo de consciência, para si mesmo (mas alto o suficiente para que todos ouçam), que é tudo e qualquer coisa que surgir com ou sobre o *capítulo* particular da vida como se *ele experienciasse isso*. Por exemplo: "Sou tão pequenino... estou correndo por aqui neste círculo porque não sei o que as pessoas querem de mim... Mamãe me diz isso... papai me diz aquilo... círculo, círculo, mais círculo... o quê?! Estou parando, parei – alguma coisa está mudando – olhe, há uma saída... vou segui-la. O que é isso? Uma linha – posso andar nela, estou indo para a escola agora, eu sei o que estou fazendo. Posso ler, eu leio muito, eu leio nessa linha – uau! Outro círculo – estou confuso de novo..."

Esse exercício funciona bem para um grupo que está começando a se conhecer; ele oferece um modo de olhar e discutir com um único Viewpoint, mas também demanda coragem de parte dos voluntários e uma personalização do treinamento em Viewpoints para que o grupo apreenda imediatamente o poder emocional, mais do que o teórico, do trabalho em questão.

EXERCÍCIO 7:
Topografia – e o Grupo

Trabalhe criando, individualmente, Topografia. Atente ao Andamento e à Duração. Depois de algum tempo, fique atento à Repetição (isso vai levar o grupo de volta a um estado em que todos trabalham novamente). Permita que as topografias individuais mudem baseadas no que os outros estão oferecendo. Permita que as topografias emerjam de vários indivíduos trabalhando como um só. Adicione Resposta Cinestésica, de modo que *quando* topografias (direções, padrões etc.) mudarem, isso seja baseado em algo que aconteça fora (outro grupo ou pessoa).

EXERCÍCIO 8:
Forma – o Rio

Fique em pé em um círculo. Uma pessoa corre até o centro do círculo, cria uma forma e a mantém. Outra pessoa corre até o centro do círculo e adiciona uma forma à primeira, compondo uma nova forma a dois. Adicione uma terceira pessoa, uma quarta etc., até que todo o grupo tenha corrido e contribuído para uma forma geral. Escolha duas ou três pessoas para continuarem no centro e peça a todos os outros que saiam e observem a forma criada por aqueles que ainda permanecem lá. (As pessoas que você escolher para se manterem no centro devem, é claro, compor numa forma que seja forte, clara, dinâmica e útil.) Peça ao grupo de fora que olhe para a forma no centro, que a observe e indique o que é forte naquela forma.

Note se e quando ocorrem *oposições*; note se e quando ocorre Repetição; note que as formas poderosas geralmente têm em geral um *fora* para cada *dentro*. (Forma, ou mais especificamente a Forma de uma forma escultural, é "simplesmente a arte de depressões e protuberâncias", escreveu o escultor Auguste Rodin.)

Então, desfaça aquela composição de duas ou três pessoas no centro, retorne todos, um por um, ao círculo e *repita*.

EXERCÍCIO 9:
Forma – Pega-Forma[5]

Fique de pé em um círculo. Uma pessoa corre até o centro do círculo e faz uma forma. Uma segunda pessoa corre para dentro e adiciona algo. Enquanto a terceira pessoa corre, a primeira sai do centro. Enquanto a quarta pessoa corre, a segunda sai do centro; quando a quinta corre, a terceira sai etc. Deve sempre haver uma forma no centro, composta de dois corpos – nem mais nem menos.

Esse exercício estimula o grupo a fazer formas sem pensar nelas. O mais importante nisso é manter o fluxo e o ímpeto em andamento, estabelecer um ritmo dentro do grupo.

EXERCÍCIO 10:
Forma – a Jornada

Soft Focus. Torne-se um instrumento para Forma. Comece a deslocar-se com a Forma, concentrando-se na tensão e constante interação entre *extensão* e *contração*: abrir e fechar, fora e dentro. Deixe que a Forma te leve em uma jornada. Enquanto você viaja, permita que outros te afetem na sua jornada. Responda, em Forma, para Forma. Faça escolhas baseadas nos formatos das outras pessoas, seus padrões de expansão e contração, e deixe que esses formatos te levem em uma jornada. Deixe que eles te possuam, deixe eles te darem direção, te guiarem pelo espaço.

EXERCÍCIO 11:
Arquitetura

Reúna o grupo no centro da sala. Peça-lhes que olhem ao redor e vejam a sala como um cenário para encontrar uma peça específica de arquitetura que inspire movimento. Então solicite a um voluntário que corra até a *peça* selecionada e faça uma ação repetida com ela (ou que parta dela). Solicite a outra pessoa que corra

---

5 O original *tag shape* foi traduzido como pega-forma, aludindo ao jogo infantil de pega-pega, em que alguém corre para pegar o outro.

até lá e se junte a ele. Deixe que os dois desenvolvam seu movimento no cenário específico. Traga-os de volta ao grupo. Solicite outro voluntário. Repita.

Nesse exercício, é importante que você guie o grupo para longe do literal e do óbvio. Eles devem ser encorajados a se mover sem saber por que, realizar uma ação sem saber o que é.

Esse é um bom exemplo do treinamento em Viewpoints como prática de *imaginação* e *espontaneidade*. Quando sabemos o que é uma porta e o que ela pode fazer, limitamos tanto a nós mesmos quanto as possibilidades da porta. Quando estamos abertos ao seu *tamanho*, sua *textura* e sua *forma*, uma porta pode se tornar qualquer coisa e todas as coisas. O dom que o treinamento em Viewpoints nos dá é o de nos permitir ver coisas antigas de novas maneiras – acordar formas adormecidas –, experimentar a sala como se fosse pela primeira vez e achar possibilidades novas e surpreendentes em nós mesmos, em nosso ambiente e em nossa arte.

Observações

Para fazer o "não faça" ou "Não preste atenção no homem atrás das cortinas"

Um dos problemas que surgem com frequência no começo do treinamento em Viewpoints é o fato de que, enquanto todo o trabalho é projetado para que os participantes pensem menos e façam mais, você introduz ideias e instruções que requerem pensamento. Eles estão ouvindo as suas palavras, é impossível *não* pensar, é como dizer: "Não imaginem os elefantes rosa" ou "Não prestem atenção no homem atrás da cortina". Reconheça esse dilema com o grupo. É natural e inevitável. Você pratica Viewpoints para tornar-se mais consciente. Mas, no começo, você se sentirá *auto*consciente. Mais tarde, com prática e perseverança, essa autoconsciência se dissolverá em uma espécie de hiperconsciência – um estado constante de atenção intensificada que é conquistado sem esforço ou pensamento. Ele passa a ser simplesmente parte de quem você é e como você percebe o mundo.

A *Zona Cinzenta:* "WENN SCHON, DANN SCHON"

Use o treinamento inicial em Viewpoints para sair da Zona Cinzenta, onde as coisas são previsíveis, seguras, confortáveis, no-meio-do-caminho. Entre em um estado de espírito a que os alemães se referem como "wenn schon, dann schon", uma expressão que pode ser traduzida literalmente como: "se tiver que ser, então seja pra valer", mas é comumente utilizada para significar: "já que começamos, vamos levar até o fim" ou "se você fizer, faça-o"[6]. Faça-o até o fim. Viva no extremo. Se nos empelirmos o mais longe possível no Andamento, na Distância e na Forma, por exemplo, tornaremos mais à vontade com esses extremos e, portanto, será mais provável que recorramos a eles, quando necessário, em nosso trabalho: a âmbito expressivo do artista é ampliado. Mais uma vez, o treinamento destina-se a abrir possibilidades e prover mais escolhas.

Por conseguinte, você retornará a uma área de nuance e sutileza, mas então o "cinzento" será escolhido e formatado por você, em oposição ao fato de ele ser uma posição necessária de recuo que nasce do medo. A partir de hoje, viva no preto-e-branco; seja definido, claro, atrevido, radical.

O *Teste de Tornassol*[7] – *Viewpoints Como um Espelho*

Os Viewpoints individuais proporcionam um teste decisivo para cada *performer*: servem como um *check-list, um inventário*, para avaliar habilidades e limitações. Encoraje o grupo a prestar atenção nas tendências e hesitações individuais, nas partes do corpo que estão machucadas ou escondidas, nas posições de recuo e padrões inconscientes.

No começo do trabalho em Viewpoints, as pessoas não podem deixar de observar a si mesmas. Os participantes ficam superatentos a toda espécie de coisas, desde o quanto estão fora de si próprios

---

6 A frase citada em alemão é "wenn schon, dann schon". Literalmente ela é situacional, mas em princípio significa algo como: "já que começamos, vamos levar até o fim" ou "vamos com tudo agora". A intenção é intensificar uma certa atitude ou ação.

7 As autoras utilizam o termo *Litmus test*, teste do papel a tornassol.

ao quão atrasadas são as suas reações e, ainda, o quanto odeiam o comprimento de seus braços ou como seus corpos balançam ao caminhar. O espelho se torna enorme e horripilante. Mas continue a lembrar ao grupo de que o caminho *em volta* é, na verdade, *através*. A autoconsciência é uma espécie de prisão, a consciência é liberdade.

Pratique Aquilo Que Você Prega

A qualidade mais essencial em ensinar Viewpoints é estar aberto àquilo que efetivamente acontece no grupo, em vez de àquilo que você esperava que acontecesse. O treinamento em Viewpoints requer prática por parte do instrutor/líder/diretor, da mesma forma que dos participantes. As únicas vezes que vimos os Viewpoints "falhando" foi quando o instrutor tinha um jeito fixo e rígido de ensinar, um plano preestabelecido para a sessão. Ensinar Viewpoints requer extrema atenção por parte do instrutor. Permaneça aberto aos obstáculos e às dinâmicas particulares que surgem do próprio grupo: ajuste o seu plano, permaneça em um único Viewpoint por mais tempo, se necessário, pule para outro, se for melhor no momento, observe com olhos de águia e lidere o grupo de acordo com o que acontece *no momento* – se eles levarem a sessão para um lugar inesperado, vá junto.

A prática em Viewpoints pelos *performers* e o ensino de Viewpoints pelo líder demandam abertura. O cenário é o mesmo de quando os atores entram em cena: saiba o que você quer, entre e esteja preparado para se ajustar àquilo que lhe for oferecido. Liberte-se de todas as ideias pré-concebidas e esteja onde você está. Escute. Receba. Responda. *Use isso.*

A Experiência de Tina

Fui lecionar em um curso de três semanas na escola de verão do Steppenwolf. Tinha acabado de finalizar uma apresentação (*Bells Are Ringing* [Os Sinos Estão Tocando]), peguei um avião logo de manhã e não estava muito disposta a ministrar aulas. Cheguei apenas para descobrir que me fora reservado um espaço diferente daquele em que eu havia lecionado no verão passado. O novo espaço era o Steppenwolf Garage, que na época estava sendo utilizado por uma produção, e a aula de Viewpoints foi relegada ao que se tornou uma espécie de saguão de entrada: um espaço estreito, caracterizado por veludos pretos pendurados e com pinturas dispostas neles. Dirigi-me ao administrador e reclamei: "Não se pode fazer Viewpoints aqui. Você deveria saber! Não tem espaço para se mover e ainda teremos que tomar cuidado com as pinturas, é a antítese de liberdade da entrega! Não posso trabalhar aqui." Ele saiu para ver se conseguia arranjar outro espaço. Enquanto isso, sentei-me com os alunos, a contragosto me apresentei e perguntei-lhes como havia sido o primeiro dia de aula, no dia anterior. Disseram-me que foi bom, só que ficaram sentados e conversando muito. Entre as conversas de ontem e o vento frio desta manhã, eles não viam a hora de levantar-se e mexer-se. "Ah, não!", pensei por um momento, então me perguntaram se eu iria cancelar a sessão – e apenas conversar –, mas isso seria contra tudo o que eu queria compartilhar com eles sobre o valor dos Viewpoints. Disse-lhes que, para mim, acima de qualquer outra coisa, Viewpoints é sobre aprender a trabalhar com aquilo que você recebe: o obstáculo como oportunidade. Respirei fundo e todos se levantaram para começar o treinamento.

O trabalho com esse grupo finalizou depois de três semanas. Nas últimas três semanas das nove semanas de treinamento, eles praticaram Viewpoints mais uma vez, porém com outra professora (uma atriz de Chicago com quem eu já havia trabalhado em três produções e que recomendei para continuar o treinamento). Voltei a Chicago para assistir à aula final, que incluiu "apresentações" para uma plateia. O grupo estava indo bem no Open Viewpoints (ver o capítulo 6) quando a professora começou a adicionar palavras-chave, temas, diretivas. Ela havia dito mais cedo que a sessão seria dedicada a: "Voar, liberdade, jogar." O grupo estava no meio de uma espantosa sequência de perigo e desequilíbrio quando ela disse: "O tema é *voar*." Bem, algumas vezes é ótimo efetuar uma mudança intencional de maneira radical, para propositadamente lançar o oposto, mas, neste caso, estava claro que a professora tinha em mente esse "tema" pré-concebido, que era um objetivo que ela planejava demonstrar para a pequena plateia convidada. Isso não tinha nada a ver com a experiência na qual o grupo estava profundamente inserido e, como resultado, eles acharam impossível mudar. Fiquei sentada por uns quinze minutos ouvindo a instrutora continuar a bradar palavras que mudariam o grupo para a direção que ela desejava. Durante todo o tempo, momentos imprevisíveis e profundos aconteciam à sua frente, ainda assim ela os perdeu todos enquanto continuava a forçar a experiência.

6.

Juntando os Viewpoints Individuais

Uma vez alcançada a familiaridade com os Viewpoints Físicos individuais, é hora de juntá-los todos. Os exercícios preliminares encontrados no capítulo 4, "Como Começar?", garantem que todos estão aptos a trabalhar em cena com espontaneidade e com uma extensiva atentividade aos outros. Os exercícios do capítulo 5, "Introduzindo os Viewpoints Individuais", garantem uma familiaridade com os Viewpoints individuais e uma sensibilidade em relação ao quadro geral do palco. Tais exercícios são para o próximo estágio do treinamento em Viewpoints.

Aprofundando a Prática

EXERCÍCIO 1:
Contagem

1. Comece com o exercício de contagem no qual todos caminham no espaço em uma velocidade similar, mas em qualquer direção. Por exemplo, se há vinte pessoas, peça ao grupo para tentar contar de um a vinte sem que mais de uma pessoa fale ao mesmo tempo, de modo que todos estejam contando um número diferente em voz alta. Cada pessoa deve falar somente uma vez no decorrer de uma contagem até vinte. Uma vez que o número

foi dito, ele não pode ser repetido. Se mais de uma pessoa falar ao mesmo tempo, o grupo deve começar a contagem de novo. Se eles tiverem problema para fazer isso, peça-lhes que escutem e foquem com mais atenção o todo.

2. Para cultivar ainda mais a escuta, peça aos participantes que continuem andando com o *soft focus* enquanto aumentam a atenção ao seu andamento. Todos devem andar numa mesma velocidade. Então, uma vez estabelecida, cada pessoa deve acelerar sua velocidade, novamente em coordenação com os outros membros do grupo. Depois cada pessoa deve romper em uma corrida junto com as outras; quando a aceleração alcançar o pico, todos juntos devem mudar para uma desaceleração conjunta, diminuindo a velocidade como um grupo. A partir de uma velocidade média de caminhada, todo o grupo deve tentar parar junto no mesmo instante. No momento em que o corpo para, a energia interna acelera.

3. Depois de alguns momentos de pausa, o grupo tenta começar a andar novamente no mesmo instante, e a uma velocidade precisa e uníssona.

EXERCÍCIO 2:
O *Fluxo*

Uma vez que o grupo tenha trabalhado com o Andamento, peça-lhes que continuem caminhando com o *soft focus* e que adicionem uma atentividade redobrada ao espaço. Agora as cinco opções (1-5 na lista abaixo) que compreendem o Fluxo podem ser introduzidas uma de cada vez. A cada adição, as opções prévias devem permanecer em jogo até que todas as cinco estejam ocorrendo juntas. *Sempre, quando trabalhamos com Viewpoints, as escolhas são feitas intuitivamente e baseadas em eventos circundantes.* Permita um tempo de vários minutos antes de acionar qualquer opção nova, assim os participantes podem explorar o que acontece a cada nova adição.

1. Caminhe pelo espaço criado entre duas pessoas. Imagine que esse espaço é um vão de porta a ser atravessada. Continue caminhando no espaço, passando por todas as portas disponíveis que

aparecerem ao seu redor. Pela constante presença de novas portas, você se moverá em direções inesperadas enquanto caminha pela sala.

2. Mude o andamento. As mudanças de andamento são inspiradas pela mudança de andamento dos outros e pela ação de passar pelas portas feitas no espaço entre duas pessoas.

3. Adicione a possibilidade de parar. Como antes, as paradas são inspiradas por eventos externos, por exemplo, outras pessoas parando e andando. No silêncio de uma pausa, há uma grande quantidade de energia e vigília.

4. Siga alguém. Pode ser que surjam formações de linhas no espaço.

5. Em vez de passar por uma porta, você pode agora também desviar-se de alguém que se aproxima de você. Você pode virar para a direção oposta.

6. Uma vez que todas as cinco opções estiverem em jogo, permita que o grupo ache um fluxo natural. Depois de um tempo, você pode pedir-lhes que formem uma linha diagonal no espaço enquanto mantêm essas cinco opções em jogo. Haverá uma bela fluidez de movimento e quietude à medida que o exercício continua. Permita ao grupo explorar a liberdade dentro de uma linha diagonal por, no mínimo, três ou quatro minutos.

7. Abra o exercício novamente para o espaço todo. Após um intervalo de tempo, diversas variações são possíveis dentro das cinco opções. Peça ao grupo que trabalhe com a percepção dos diferentes tipos de linha no espaço. Por exemplo: 1. forme uma linha no fundo do palco, da esquerda para a direita. Mantendo as cinco opções em movimento, uma pessoa por vez se vira para a frente do palco, enquanto todos os outros estão voltados para o fundo. Todos devem estar atentos a quem está voltado para a frente, assim quando ele/ela se voltar para o fundo do palco uma outra pessoa pode virar-se para a frente; 2. forme uma linha no fundo do palco, da esquerda para a direita, voltada para a frente do palco. Continuando as cinco opções, movam-se lentamente juntos para a frente do palco a fim de formar uma linha à beira

dele. O exercício acaba quando todos param em uma linha à frente do palco virados para a plateia.

Nota: o Fluxo é um convite instantâneo para movimentos instintivos e para o senso de fluidez do movimento em relação a outras pessoas. É útil praticar o Fluxo com frequência. Se há participantes suficientes, é uma boa ideia, ocasionalmente, dividir em dois grupos, para que um grupo assista enquanto o outro pratica o Fluxo. Assistir o outro pode esclarecer muito. Ser visto por um grupo aumenta o risco em cena.

EXERCÍCIO 3:
Trabalho na Raia

1. Cinco a sete participantes ficam no fundo do palco e numa linha horizontal, da esquerda para a direita etc. Eles se dispõem de um modo equidistante, com o mínimo de distância entre si. O espaço na frente de cada pessoa forma uma raia (imagine uma piscina). Os participantes encaram a frente do palco; permanecem imóveis e atentos, escutando uns aos outros. Eles enfrentarão as limitações a seguir, quando começarem a se mover:

2. Cada pessoa deve permanecer dentro de sua raia. A raia estende-se idealmente por cerca de seis metros. Cada pessoa tem a liberdade de mover-se para trás e para frente em cada parte de sua raia. Mas:

3. O movimento é estritamente limitado a cinco opções: 1. andar, 2. correr, 3. pular, 4. cair, 5. pausar.

4. Cada um mantém a atentividade ao espaço formado por todas as raias e fica em sintonia com todos os outros participantes a todo momento.

5. Cada um faz escolhas com particular atenção aos seguintes Viewpoints: Resposta Cinestésica, Relação Espacial, Repetição, Duração e Andamento. (Não deve haver um uso óbvio da Arquitetura, da Forma e do Gesto nesse exercício.) A Topografia já foi predeterminada pelas raias. Enquanto se faz o Trabalho da

Raia, não há tempo para pensar nos Viewpoints individuais, de modo que os participantes devem usar tudo o que aprenderam até agora *intuitivamente*, no momento, em resposta ao que, de fato, está acontecendo.

6. Assim que os participantes estiverem prontos e postados em suas posições iniciais, você deve dizer-lhes que comecem. O movimento de uma pessoa começa somente em resposta ao movimento de outra pessoa. Para discernir esse movimento, um alto nível de escuta e atenção deve ser mantido consistentemente. Trabalhar com *soft focus* torna o contato visual direto desnecessário. O movimento deve ocorrer instantaneamente e com pleno engajamento físico. O começo do movimento nas raias deve parecer orgânico e fácil, como se não houvesse líder ou seguidor. Se, quando o exercício começar, você notar que todas as pessoas se moveram de uma só vez ou forçaram o movimento a começar, pare. Peça--lhes que retornem a seus pontos de início no fim de suas raias. Lembre-os de escutar e deixar tudo o que fazem ir *até* eles em vez de forçá-lo. Algumas vezes isso significa que um grupo pode só ficar parado apenas por vários segundos ou até um minuto antes que o movimento ocorra. Tudo bem. O objetivo desse exercício é mais praticar a escuta do que criar eventos no palco.

Nota: Durante o Trabalho na Raia, esteja atento à tendência de parar/começar, o que geralmente indica que a atenção está sendo dada para o começo de um movimento, mas que se desintegra em uma conclusão desfocada e indiscriminada. Essa propensão de responder a um impulso com um comprometimento, mas depois parar aleatoriamente para esperar o próximo impulso, resulta em uma improvisação descuidada.

Quando um novo grupo no treinamento em Viewpoints começa o Trabalho na Raia, muitas vezes é difícil para seus integrantes confiar no vocabulário limitado. Há um desejo intrínseco no *performer* de entreter e impressionar, de modo que, de repente, o caminhar se torne saltitante, por exemplo. Não permita nada além das básicas e estritas ações de caminhar, correr, pular e cair. Incentive os *performers* a confiar num movimento simples e minimalista. (Um grupo de pessoas, cada uma levantando lentamente um pé em uníssono pode ser um momento poderosamente dramático).

O Trabalho na Raia ensina a necessidade de comprometer-se totalmente com uma ação e, ao mesmo tempo, a estar apto a ajustar-se e mudar, baseado em novos eventos. Estar totalmente comprometido e, ainda, aberto para mudar simultaneamente é um paradoxo físico que (quando controlado) leva a uma sensação incomum de liberdade. Através do Trabalho da Raia, torna-se também claro o quanto uma pessoa pode *ver* sem olhar ao redor: o corpo escuta todo o palco. Uma pessoa no proscênio pode *ouvir* uma pessoa se mover no fundo e então se mover em resposta a isso.

EXERCÍCIO 4:
Trabalho na Grade

Agora é a hora de permitir que todos os Viewpoints individuais funcionem simultaneamente e em conjunto com o padrão de chão de uma grade (para uma completa descrição de padrão de chão, veja as seções de Topografia e Arquitetura no capítulo anterior).

1. O número ideal de participantes para este exercício (nesse estágio) é, no mínimo, cinco e não mais que nove. Como no Trabalho com a Raia, todos começam no fundo do palco em uma linha horizontal. Diferente do Trabalho com a Raia, o espaço entre os participantes no começo não deve ser uniforme, portanto escolhas serão feitas sobre a Relação Espacial e a Forma. A improvisação começa com a pausa e uma atenção a todo o palco e todos os indivíduos.

2. Baseado na escuta e respondendo com o vocabulário dos Viewpoints, a improvisação começa. Os participantes estão livres para se moverem em qualquer direção que forme um padrão de grade (nenhuma linha diagonal e nenhuma curva). Cada improvisação pode ter qualquer duração. Na medida em que os participantes se familiarizam com a forma, permita uma exploração da nova

liberdade que o Trabalho na Grade possibilita, por no mínimo cinco minutos.

Não se mova a não ser que haja uma razão para se mover e o desejo por variar não é uma razão suficiente. [Bertolt Brecht]

O pensamento de Brecht é totalmente relevante para o treinamento em Viewpoints. Em todas as improvisações, o movimento deve ser feito por uma razão. A razão não é psicológica, mas, em vez disso, formal, compositiva e intuitiva. Viewpoints = escolhas feitas sobre o tempo e o espaço. Todo movimento é baseado em algo que *já* está acontecendo. A razão para mover-se pode ser uma resposta cinestésica de um movimento ou pode esclarecer uma relação espacial ou uma escolha sobre velocidade relativa a um andamento que já está presente no palco. O movimento pode ser efetuado conforme um padrão de chão ou em relação a questões sobre duração que surgem do grupo. Uma escolha pode ser feita em relação à arquitetura existente ou pode ser a repetição de uma forma ou gesto. Mas nenhum movimento deve acontecer arbitrariamente ou por um desejo de variar.

EXERCÍCIO 5:
Open Viewpoints

Agora os participantes estão prontos para tentar Open Viewpoints, uma forma livre do treinamento em Viewpoints, em que padrões de chão, como a raia e a grade, não são predeterminadas. É uma prática na qual o grupo de qualquer número de cinco a nove pessoas irá, pelo emprego de escuta extraordinária, generosidade e destreza, achar o modo de começar a improvisar usando plenamente o treinamento em Viewpoints.

1. A Relação Espacial deve ser a primeira consideração. Enquanto andam no palco, os participantes devem fazer escolhas articuladas sobre *onde* começar, baseadas no posicionamento dos outros

ao seu redor. O arranjo de abertura não deve ser demasiado barroco (sem muitas formas excedentes), mas, em vez disso, formas simples, uma composição espacial visível em que qualquer imagem do palco esteja clara para todos. Comece com a pausa.

2. A partir da pausa os participantes escutam uns aos outros e a sala. Eles escutam com todo o corpo. Não deve haver pressa para fazer algo acontecer (quando começa uma sessão de Open Viewpoints, a paciência é uma aliada). A qualidade da escuta cria as condições nas quais algo pode ocorrer: os participantes ficam atentos à escuta e uns aos outros. Então eles agem a partir dessa escuta com o vocabulário dos Viewpoints.

3. Os participantes devem estar atentos ao surgimento do vocabulário de movimentos que acontece durante os primeiros minutos da improvisação, e tentar desenvolver esse vocabulário finito, em vez de criar novas ideias de movimento. Por exemplo, se um gesto particular como *apontar, ondular* ou *saudar* ocorre, atenha-se a essas formas em vez de inventar outras. Novas formas ocorrem quase por si mesmas, através de um envolvimento com o vocabulário já existente.

Idealmente, o Trabalho na Raia já demonstrou o máximo efeito de uma paleta mínima. Gertrude Stein escreveu a partir de um léxico extremamente limitado. Ela criou inúmeros significados por meio de justaposição das mesmas palavras de diferentes modos: "O mesmo, porém diferente", ela diria (ver capítulo 15, p. 207). O treinamento em Viewpoints emerge em boa parte de uma estética similar à de Stein. A intenção não é criar um vocabulário sempre crescente; sendo, antes, a de imbuir novos significados em formas repetidas.

Observe o palco durante a sessão do Open Viewpoints e, se necessário, dirija os participantes. Se houver tantas coisas muito diferentes acontecendo de modo que você não consiga ver as imagens e as pessoas como um todo no palco, peça aos participantes para simplificarem e minimizarem seu vocabulário. O grupo deve tentar permanecer nas *mesmas referências*, o que significa que os participantes trabalharão juntos em um evento e não em muitos. Embora em um único evento possa haver uma grande variação, apenas um evento estará ocorrendo. Se o grupo não estiver na *mesma referência*, poderá surgir o caos, a ausência de foco e buscas difusas; quando os integrantes descobrem juntos um evento, os resultados podem ser de tirar o fôlego. Isso não significa necessariamente que todos os participantes estarão centralizados ou perto uns dos outros; "um evento" pode ocorrer com dois ou três grupos cruzando o espaço.

Nota: No fim das contas, o melhor modo de aprender Viewpoints é a prática. Geralmente uma improvisação em Open Viewpoints deveria durar de dez a quinze minutos. Em um ponto desse percurso, é uma boa ideia permitir uma experiência ininterrupta de Open Viewpoints durante vinte minutos. Depois peça a cada indivíduo que participou da longa improvisação para dar um pequeno conselho ao próximo grupo, vindo do calor da experiência. O conselho deve ser conciso, prático e ir direto ao ponto. Muitas vezes os participantes irão articular conceitos básicos como: "preste atenção," "não pense muito", "escute com todo o seu corpo", "divirta-se", "deixe-se levar", "confie nos outros" etc. Como em qualquer tipo de aprendizado, é melhor que o conselho emerja daqueles que acabaram de passar pela experiência mais do que de um instrutor de fora.

EXERCÍCIO 6:
Sats

Eugenio Barba, o diretor artístico do Odin Teatret da Dinamarca, perguntou: "O que há em comum entre atores do mundo todo, apesar de suas linguagens e diferenças culturais?" Ele responde a essa questão citando o *Sats*, uma palavra norueguesa que descreve a qualidade da energia no momento anterior a uma ação. A própria ação pós-*Sats* é particular à cultura do *performer*. Mas a qualidade da energia *anterior* à da ação é a que todos os atores ao redor do mundo compartilham. A qualidade da preparação, ou o *Sats*, determina o sucesso da ação.

Considere, por exemplo, a arte do arqueiro. Ele puxa a flecha para trás, esticando-a na tensão do arco, e mira. O momento anterior ao disparo da flecha constitui o *Sats*. O sucesso do trajeto da flecha é decidido pela qualidade do momento que antecede o disparo, e não o disparo em si.

Similarmente, no palco, um ator deve desenvolver atentividade e fluência com a energia do *Sats*. No Viewpoints, *Sats* é visível e palpável. Se a energia do *Sats* é satisfeita qualitativamente, o movimento parece mais necessário e visível. O exercício a seguir ajuda a familiarizar uma pessoa com a natureza da energia do *Sats*:

1. Sete a nove participantes formam uma linha horizontal no fundo do palco, da esquerda para a direita. Cada pessoa permanece em pé naquela linha e com a sensação de estar sendo puxado suavemente para cima pela cabeça e para baixo na direção da terra: pernas fortes, *soft focus*, braços soltos e coração aberto. Por ora nós a chamaremos de Posição *Sats*. Uma vez estabelecida a Posição *Sats* no fundo do palco, os participantes podem mover-se dentro e fora do Open Viewpoints para a frente do palco, na linha, retornando à Posição *Sats* quando desejada.

2. É sempre possível retornar à linha do fundo do palco para experimentar de novo e lembrar um estado físico de prontidão ou *Sats*, mas cada participante deve estar ou inteiramente *em cena* em Viewpoints ou inteiramente na Posição *Sats*. Ao retornar à Posição *Sats*, o participante não precisa voltar ao mesmo lugar na linha.

Introduzir a Posição *Sats* permite que os participantes aprendam a dar foco a grupos menores, introduzindo a possibilidade de solos, duetos ou trios de Viewpoints.

Nota: quando a energia na Posição *Sats* é intensificada e acelerada, isso pode ser fascinante para olhar. Por ser o estado *Sats* tão concentrado e energizado, qualquer movimento no Open Viewpoints, emergindo do *Sats*, será sentido e visto de modo mais destilado, mais necessário. Os envolvimentos crescem naturalmente com o *Sats*.

Na verdade, não existe uma Posição *Sats*, porque *Sats* é uma qualidade de energia que é usada constantemente no palco antes de qualquer ação. Mas o conceito é útil para esse exercício e para o posterior desenvolvimento da presença no treinamento em Viewpoints.

Exercícios Para Ulterior Desenvolvimento

Os seguintes exercícios podem ser introduzidos para desenvolver fluência, articulação, diferenciação e clareza no Open Viewpoints.

EXERCÍCIO 1:
Frases Flutuantes

Em dois ou três minutos, cada participante, trabalhando sozinho, cria uma breve combinação de movimento ou frase, que se inicia em um lado do espaço e finaliza no outro. A frase deverá parecer como se voasse; deverá ocupar espaço, ter um início, meio e fim claros, e ser algo que os outros poderão aprender rapidamente (e sem machucá-los). Se um participante vem de uma prática em dança, é ótimo para ele utilizar esse treinamento ao conceber uma combinação de movimentos.

1. Divida os participantes em grupos de cinco.
2. Escolha uma pessoa do grupo para mostrar sua própria combinação aos outros. Todos os cinco grupos devem aprender imediatamente a combinação observando-a.
3. A pessoa que inventou a combinação permanece no meio do grupo. O primeiro grupo executa a combinação em uníssono, movendo-se de um lado do espaço para o outro. Conte: "5, 6, 7, 8" ou "4, 3, 2, 1", para que eles comecem. Sugira, talvez, que de súbito se trata de uma noite de estreia em teatro regional maior e essa combinação foi ensaiada por cinco semanas com

um salário regulamentado[1]. Com essa atitude eles estarão em cena como um conjunto, com a percepção do que os outros estão fazendo a cada instante e com um final que é definido e unificado. Se tiverem problemas em permanecer juntos, peça-lhes ao menos para "vender" o final. Faça-os ver que eles são uma companhia.

4. Uma vez que o primeiro grupo tenha apresentado isso de maneira satisfatória (o que deve demandar algumas tentativas), peça para que o segundo tente, com a pessoa que inventou a combinação original novamente no meio do grupo. E assim por diante. Se o grupo obtiver bom desempenho, peça-lhes que tentem fazê-lo com o dobro do tempo e depois com a metade.

Nota: o foco desse exercício não é o calibre da coreografia, mas a qualidade da performance do grupo. Como o grupo lida com a súbita crise da performance coletiva? Os participantes devem tentar o melhor que podem a fim de permanecerem juntos e fazerem o movimento em uníssono, mas também aprenderem a incorporar qualquer "erro" graciosamente.

Esse exercício desenvolve fluência com Repetição. A Repetição, como você aprende aqui, não é imitação, mas é *estar dentro* da qualidade da Forma e do Andamento das outras pessoas.

EXERCÍCIO 2:
Os Revezamentos

1. Divida o grupo em quatro times de revezamento (A, B, C e D). No mesmo fundo do espaço, faça uma raia para cada time. A primeira pessoa em cada raia de cada time é "1", a próxima é "2", e assim por diante.

2. Cada time trabalha isolado dos outros times, criando seu próprio material, na sua própria raia. Visto que os times criam ao

---

[1] As autoras citam a LORT (League of Resident Theatres), associação profissional de teatro sem fins lucrativos com sede em Nova York.

mesmo tempo, é vital um olhar externo para manter o controle sobre o lugar onde as pessoas estão no espaço e dar comandos claros quando cada time deve mover-se.

3. "1, vão!" É a melhor maneira de sugerir que o "1" de cada grupo comece. Cada "1" então corre pelo espaço, criando uma ação nesse percurso. Isso pode ser um giro ou salto ou um pulo com uma batida de palma. O "1" deve executar a ação tão articuladamente quanto possível porque todos do seu time precisam ver e aprender isso instantaneamente.

4. Uma vez que os quatro "1" tenham completado sua ação, eles vão para o final da raia do seu time. Tenha certeza de que todos viram o que o "1" fez. Do contrário, eles devem fazer de novo.

5. Então: "2, vão!" Todos os "2" das raias agora repetem o que os "1" fizeram. Logo que os "2" iniciarem, solicite os "3" etc., até que todos os participantes tenham ido, *incluindo* os "1" novamente. Quando o movimento através do espaço terminar, os participantes devem sempre ir para o final da sua raia.

6. Assim que todos tiverem efetuado a primeira ação, os "2" de cada fila devem ir para a frente do seu grupo de revezamento. Agora os "2", cada qual por si, adicionarão algo ao movimento já feito, a fim de iniciar ou terminar o movimento dos "1". "2, vão!" De novo tenha certeza de que todos viram o que o "2" adicionou.

7. "3, vão!" E até que os "2" tenham ido pela segunda vez. É claro agora que os "3" estão adicionando algo novo, que todos devem repetir.

8. Então os "4" adicionam, e assim por diante, até que todos os participantes tenham inserido um movimento e haja material suficiente para desafiar a memória e a habilidade. É possível adicionar até dez ou doze movimentos sem que isso se torne opressivo.

9. Uma vez completada a cadeia de movimentos, peça ao time A para formar uma raia no fundo do palco e, como no caso da Frases Flutuantes, o time deve apresentar toda a sua série de movimentos em uníssono feito uma performance, como se tivesse sido ensaiada durante semanas.

10. Cada time deve revezar-se, realizando os seus movimentos próprios em uníssono.

11. Então, peça a todos os "1" para irem ao fundo do palco e, usando o seu conhecimento de Relação Espacial e Arquitetura, encontrar um lugar para começarem juntos uma improvisação. Agora há quatro pessoas no palco com quatro diferentes combinações de movimento. O *onde* uma pessoa se move deveria ser baseado no onde outra pessoa está e o *quando* ela se move é dependente da Resposta Cinestésica ou da reação ao movimento da outra pessoa. Cada pessoa experimenta uma combinação uma vez, sem repetições internas, mas com uma intensa atenção para o *onde* e o *quando* eles se movem, com base nas três outras pessoas no fundo do palco. Uma vez terminado o ciclo de movimento, cada "1" deve permanecer na sua própria posição até o outro terminar.

12. Depois os "2" tentam essa improvisação a partir de uma nova posição inicial, e assim por diante, até que todos os grupos a tenham realizado. Será então possível misturar os grupos e ter sete ou nove participantes em uma improvisação.

Esse exercício de revezamento desenvolve uma intensa percepção e fluência com Resposta Cinestésica, tanto no fazer efetivo da improvisação quanto na observação do mesmo.

EXERCÍCIO 3 –
O Caminho Com Obstáculos

1. Metade do grupo sobe no palco, enquanto a outra metade observa. Num momento inesperado, solicite a todos no palco que parem e mantenham suas posições. Então escolha uma pessoa que já está no palco para ser o líder, e peça a todos, sem olhar ao redor, para assumir a forma elaborada por ele. Uma vez que todos estão congelados e não podem olhar ao redor, os participantes ficam imediatamente dependentes de quem quer que *possam* ver. Se há um participante que não consegue ver

ninguém, então essa pessoa pode tentar sentir através de suas costas, se for necessário, e fazer uma escolha sobre a Forma baseada na intuição e sensação.

2. O líder no palco começa, então, a mover-se pelo espaço, consciente dos outros que o estão seguindo. Todos os outros tentam mover-se exatamente ao mesmo tempo e da mesma forma e andamento que o líder. É vital que o grupo não pareça estar seguindo o líder; em vez disso, deve parecer aos que estão observando que o grupo está realizando a mesma ação, no mesmo momento, em uníssono com plena presença e senso de conjunto. Ninguém deve olhar furtivamente ao redor, em direção ao líder.

3. Preste particular atenção às paradas. Quando o líder para, todos param no mesmo instante, não importa onde estejam no palco. As paradas devem ser claras, precisas e dramáticas.

4. Depois que o grupo encontrou um sentido de conjunto e uma qualidade de performance coletiva, muda-se o líder. Esse novo líder deve introduzir novos andamentos, formas e qualidades de movimento. A qualquer momento é possível escolher um novo líder.

Certifique-se de que o grupo que assistiu tenha a oportunidade de fazer o exercício, enquanto o outro grupo assiste e aprende por meio da observação.

Esse exercício demanda do grupo a atitude que considera que todo momento é uma *noite de abertura da performance* para um público. A estrutura do *seguir o líder* deve ser invisível para aqueles que estão assistindo, isto é, ser somente a causa secreta que motiva a ação. Para a plateia, a apresentação deve transpirar energia e graça.

Esse exercício também desenvolve uma atentividade às *paradas* e o seu impacto na audiência. Se as paradas são vagas e obscuras, a audiência perde o drama em potencial. Se elas são precisas e exatas, criam eventos físicos excitantes no palco.

EXERCÍCIO 4:
Agrupando

Metade do grupo se espalha no palco, voltado para o fundo, enquanto a outra metade observa. Assim como O Caminho Com Obstáculos (Exercício 3), o grupo executará em uníssono o que um líder inicia. Desta vez, no entanto, o líder é a pessoa que, em qualquer momento dado, não pode ver mais ninguém. Visto que o exercício começa com os participantes voltados para o fundo do palco, o líder será a pessoa mais distanciada no fundo do palco, incapaz de ver qualquer outra pessoa. O líder inicia movimentos e os outros repetem as suas formas em uníssono. Se o líder se vira durante o movimento e é capaz de ver alguém, ele abre mão de seu papel de líder. A pessoa que não pode ver ninguém torna-se um novo líder. O exercício continua cada vez que um novo participante assume a função de líder.

Maus Hábitos e Posições de Recuo[2]

Notamos que certas posições de recuo ocorrem com pessoas quando começam a aprender Viewpoints. Aqui estão algumas propensões a observar (e apontar ao grupo), quando elas surgem. Todos esses hábitos de fraqueza ocorrem como substitutivo para a confiança no que realmente está acontecendo.

- Ficar curvado, com os braços estendidos, pronto para qualquer coisa.
- Agarrar outro participante e puxá-lo ou empurrá-lo para onde você quer que ele vá. (Isso mostra que você está *tentando fazer algo acontecer*, em vez de confiar que *algo já está acontecendo*).

---

2   No original, *fallback*. Relaciona-se a zonas de conforto às quais o ator frequentemente recorre.

- Forçar um padrão rítmico previsível enquanto bate um pé no chão ou bate palmas.
- Cair no chão e abraçá-lo em formas vagas de *spaguetti/pratzel*.
- Sair e entrar no *soft focus*, verificando-se se está fazendo certo ou errado.
- Limitar sua Resposta Cinestésica à ação de cair no chão.
- Indicar participação em vez de envolver-se realmente. (Isso se manifesta com frequência em um caminhar como uma figura autômata e rígida).
- Todo o grupo posiciona-se ao redor em um semicírculo, perdendo toda a atenção com respeito à Relação Espacial, e bate o pé no chão ou bate palmas em uníssono tribal. (Isso é um padrão natural e talvez necessário para começar o trabalho em Viewpoints. Você notará que depois de ter trabalhado um bocado junto, o grupo ganhará maior sutileza, e a necessidade desse primeiro momento grupal será exorcizada.)
- Todos trabalham no centro do espaço, incapazes de se libertar da noção arraigada de que há somente um ponto poderoso no palco – o centro morto.
- Enquanto o grupo está engajado em um evento ou atividade, como que do nada uma pessoa subitamente corre para o armário, puxa uma vassoura e atua com ela porque teve uma "nova ideia".

Emoção

O maior ganho dos Viewpoints é que eles não guiam você para longe da emoção. Muitas vezes, as pessoas confundem o objetivo com um estado de neutralidade e apatia,em oposição a um estado de vivacidade, receptividade e experiência. O que importa é lembrar que os Viewpoints têm exatamente, assim como outros "métodos" de atuação, o objetivo de fazer com que você esteja vivo e engajado no palco. A beleza dos Viewpoints é que eles nos permitem alcançar essa meta, não nos forçando a isso, mas recebendo dos outros e de nós mesmos.

7.
Improvisações em Grupo

Embora seja uma boa ideia praticar o Open Viewpoints diariamente, a introdução de exercícios suplementares aumentarão qualquer habilidade, agilidade e sensibilidade do grupo na criação de eventos dramáticos no tempo e espaço.

Exercícios Suplementares

Exercícios de Improvisação

As improvisações de grupo que se seguem aumentarão o alcance e a perícia no treinamento em Viewpoints.

IMPROVISAÇÃO 1:
Três Para Cima/Dois Para Baixo

1. Cinco participantes se dirigem ao palco. No momento em que a improvisação se inicia, somente três pessoas devem estar em pé e as outras duas devem estar abaixadas (próximas do chão). À medida que o grupo se move, os participantes devem seguir a regra de três pessoas estarem no nível alto e duas abaixadas. As escolhas visíveis e articuladas pelos participantes ajudarão a criar um fluxo claro de ação. A qualquer momento alguém que esteja abaixo pode levantar-se e alguém que está de pé pode se abaixar ou tombar. Os princípios dos Viewpoints podem

continuar ainda em jogo, mas o foco principal será o número de pessoas que estão de pé e abaixadas.

2. Depois que todos tentaram o exercício Três Para Cima/Dois Para Baixo, experimente com sete pessoas fazendo Quatro Para Cima/Três Para Baixo. É claro que esse exercício é mais difícil, porém as mesmas questões se aplicam. Se for bem-sucedido, aumente o número de participantes para nove fazendo Cinco Para Cima/Quatro Para Baixo, em seguida com onze, Seis Para Cima/Cinco Para Baixo.

A proficiência no exercício Três Para Cima/Dois Para Baixo produzirá uma diferença marcante na prática do Open Viewpoints. O exercício aumenta a atenção ao espaço vertical e traz um novo senso de responsabilidade em relação aos níveis em qualquer improvisação.

Há de ficar claro se os níveis são um problema no Open Viewpoints, se você perceber que todos estão para baixo ou para cima ao mesmo tempo sem um sentido de equilíbrio.

IMPROVISAÇÃO 2:
Entradas e Saídas

Para essa improvisação será necessário designar uma área para saídas e entradas. Se você está trabalhando num palco com proscênio, utilize os bastidores. Se a sala em que você está trabalhando tem uma porta ou uma área externa, permita que os participantes da improvisação saiam e retornem à sala. Entradas e saídas permitem aos participantes abandonar a visão do restante do grupo ("a audiência") em qualquer momento da improvisação e retornar num momento apropriado.

1. Os participantes devem iniciar fora do palco (ou da sala). Se houver bastidores ou múltiplas portas, permita que o grupo se separe e ocupe diferentes lugares fora do palco (ou da sala). A improvisação começa, como todo exercício de Viewpoints,

com a escuta. Obviamente, a capacidade de escuta em relação ao outro é imediatamente elevada simplesmente pelo fato de que agora é mais difícil. A questão permanece no ar: como isso começa? Quando começa? As regras básicas a serem seguidas são as mesmas de qualquer outro exercício do Open Viewpoints, exceto pelo fato de que, nesse momento inicial, uma ou mais pessoas do grupo não estão visíveis, pois se encontram numa posição fora do palco (ou da sala).

2. Os participantes iniciam com uma sessão de Open Viewpoints, mas, pela primeira vez, incorporam entradas e saídas do espaço de jogo visível. Não há regras a respeito de quando ou como os participantes entram e saem, exceto que eles devem estar atentos e usar todos os Viewpoints.

Essa improvisação abre novas possibilidades nos Viewpoints. Momentos singulares podem acontecer quando uma pessoa é deixada sozinha no palco. Ou quando o espaço está vazio. Ou quando todos os participantes entram numa fila, mantendo um gesto sustentado. Uma entrada ou uma saída sempre oferecem uma oportunidade para algo milagroso, no sentido de que qualquer coisa pode acontecer. Uma entrada ou uma saída podem engendrar um grande sentido de perda ou podem ser desenfreadamente engraçadas. Isso tudo pode ser provocado tanto pelo aparecimento como pelo desaparecimento.

Uma vez um diretor russo disse que poderia explicar a abordagem de Stanislávski para a atuação com duas frases: 1. "Não mude de direção até alguém chamar seu nome"; 2. "Se você entrar no palco, deverá ter uma forte razão para isso; se você permanecer por mais do que um instante, você deverá ter uma razão monumental".

> Qualquer saída é uma entrada para algum outro lugar.
> [Ton Stoppard]

IMPROVISAÇÃO 3:
Sapatos

1. Quatro sapatos definem os parâmetros do espaço dentro do qual a sessão do Open Viewpoints terá lugar. Comece com os sapatos colocados bem juntos, formando, por exemplo, um pequeno quadrado. Cinco pessoas começam a improvisar dentro do espaço, que pode ser pequeno como 1 x 1m.

2. À medida que a improvisação prossegue, mova os sapatos para alterar o tamanho e os parâmetros do espaço. Por exemplo, você pode criar um longo e estreito espaço da esquerda para a direita ou um corredor do fundo até a frente do palco. Uma improvisação de grupo dentro desse espaço confinado faz cada movimento parecer mais visível e importante. Imediatamente a Relação Espacial surge como um problema maior, e todo movimento altera radicalmente a Composição dentro da arena. Assim que os Viewpoints individuais surgem no jogo, cada um deles é aumentado pelos obstáculos de confinamento que um espaço definido cria.

3. Finalmente, coloque os sapatos o mais longe que a sala permitir.

O exercício dos sapatos amplia a percepção de fronteiras, limitações e a forma de determinada arquitetura. Isso encoraja os participantes a estarem atentos ao palco como um todo e a serem responsáveis por ele e não somente pelo espaço que ocupam. Esse exercício desenvolve uma crescente atenção a todo o espaço disponível, mostrando aos participantes que o luxo de ter um espaço amplo e expansível não deve ser tomado como certo.

Uma vez Anne ministrava uma aula de Viewpoints e tentou apontar a cada ator a responsabilidade pessoal pelo palco inteiro. Finalmente, um de seus estudantes fez uma comparação com Magic Johnson. Ele disse que o que tornou Magic Johnson um grande jogador de basquetebol não foi só a habilidade de arremessar a bola de uma área particular, mas a habilidade de fazer uso de cada centímetro da quadra. O mesmo cabe ao ator – você precisa conquistar cada centímetro do palco.

IMPROVISAÇÃO 4:
Círculo, Amontoado, Linha

1. Solicite que oito pessoas se dirijam ao palco e rapidamente formem um círculo. Uma vez formado, peça ao grupo que forme um amontoado de pessoas. Depois uma fila. Novamente um tipo diferente de círculo, um outro amontoado, depois um outro tipo de fila, e assim por diante.

2. Depois de muitos minutos ou quando o grupo parecer familiarizado com a repetição desses padrões, peça aos participantes para se moverem livremente de uma dessas três possibilidades para outra em qualquer ordem sem serem instruídos. A única advertência é que todos os oito participantes devem trabalhar simultaneamente a mesma formação. O foco da improvisação é como eles passam de uma forma a outra.

3. Permita que o grupo encontre tantas permutações de círculo, filas e amontoados quantas forem possíveis. Perceba como os relacionamentos e os eventos parecem desdobrar-se naturalmente e sem esforço.

Nota: o tema central de toda improvisação em Viewpoints é a busca pelo consenso. Sem falar, o grupo encontra um caminho divertido e engenhoso para resolver a tarefa.

IMPROVISAÇÃO 5:
Mudando de Lugar no Espaço

1. Uma pessoa por vez encontra um lugar no espaço, no palco, até que os cinco participantes façam uma clara Composição no Espaço. As decisões sobre o lugar para onde ir e com que formas contribuir baseiam-se na posição que cada um ocupa, o que está fazendo e na arquitetura disponível. Uma vez que os cinco estiverem colocados no lugar, peça a cada pessoa do palco que olhe ao seu redor e memorize as formas e lugares.

2. Depois peça-lhes que troquem de lugar muitas vezes, até que cada um tenha se familiarizado com as outras quatro formas e

estações. Então permita que a improvisação ocorra a partir de uma das cinco estações para outra, de uma forma aberta, criativa e divertida, com o sentido de Resposta Cinestésica, Repetição, Andamento etc.

3. Tente essa mesma improvisação, agora com sete pessoas, depois nove, e assim por diante.

Essa variação dos Viewpoints instrui participantes a discernirem exatamente onde as outras pessoas estão na área de trabalho a todo o momento e como incorporar essa informação na improvisação.

IMPROVISAÇÃO 6:
Repetição

1. Inicie a improvisação do Open Viewpoints com 5 participantes.
2. Após cerca de dez segundos de movimentação, pare os participantes e peça-lhes que voltem ao início e repitam exatamente o que haviam feito, manejando tempo e espaço, precisamente do mesmo modo.
3. Permita que eles repitam os primeiros dez segundos do material e, então, acrescente outros dez ou quinze segundos de uma nova improvisação até o fim.
4. Pare mais uma vez. Volte ao começo. Repita o conjunto material estabelecido seguido de outra sequência de novas improvisações abertas.
5. Pare de novo. Repita a sequência mais uma vez, adicionando outros materiais. Continue o processo.
6. Experimente esse exercício com sete ou nove participantes. Aplique o mesmo procedimento: aprender como coordenar uma repetição exata do material improvisado com outros participantes no palco.

Um aspecto do treinamento em Viewpoints é aprender a armazenar mentalmente cada evento que acontece no palco, provendo-o de uma habilidade de trazer tudo de volta, no vocabulário de uma improvisação. Esse exercício da repetição ajuda a desenvolver essa aptidão.

IMPROVISAÇÃO 7:
Começo, Meio, Fim

1. Um grupo de qualquer número de pessoas vai para o palco de trabalho começar uma sessão de Open Viewpoints. Aqueles que não estão no grupo observam os outros. Qualquer um que esteja assistindo pode, em um momento que achar apropriado, dizer "Fim!", o que determinará o término da improvisação.
2. Um novo grupo começa uma improvisação até que um observador grite: "Fim!"

Nota: Por ser a duração da improvisação controlada de fora do grupo, os marcos no palco são mais fortes, e a cada começo, meio e fim são mais visíveis e significativos. O espectador aprende a identificar o que constitui um fim (veja o *jo-ha-kyu*, discutido em detalhes no capítulo 11), e os atores no palco aprendem a ter uma maior responsabilidade no manejo do tempo.

Exercícios Auxiliares

EXERCÍCIO AUXILIAR 1:
Compartilhando o Peso Sobre o Chão

1. Este exercício pode ser realizado simultaneamente por quantas pessoas se desejar, mas é útil no mínimo dezesseis participantes. Solicite a todos que andem pelo espaço com *soft focus*.
2. Em vez de passar pelo espaço entre pessoas, os participantes caminham em direção a alguém até formarem duplas. Sem se falar, cada dupla toma uma decisão: um oferece peso e o outro o recebe. Comece dando e recebendo 10% do peso do corpo exatamente. Mesmo que não seja claro o quanto são esses 10%,

tente trabalhar com precisão, como se você soubesse quanto exatamente pode ser 10% do peso de uma pessoa. É também possível que dois ou mais recebam o peso de uma pessoa (como sempre, trabalhe de um jeito que não cause dor ou lesões!).

3. Uma vez que você tenha dado ou recebido 10% de peso, deixe a inércia ajudá-lo a separar e continue a mover-se pelo espaço. Novamente, não evite o contato. Logo você se verá com uma pessoa nova e, mais uma vez, a decisão silenciosa é feita sobre quem dá e quem recebe o peso.

4. A cada novo parceiro, encontre uma nova solução acerca de como dar e receber o peso. Utilize novas partes do corpo e encontre meios para compartilhar que sejam diferentes dos métodos habituais ou educados.

5. Agora, aumente a porcentagem de peso para 25, deixando 75% do peso no chão. Isso demanda mais precisão e novas soluções de como se relacionar com alguém. Na medida em que a porcentagem aumentar no exercício, tornar-se-á mais evidente que duas ou três ou mais pessoas poderão suportar o peso de uma pessoa. Novamente sem falar, certifique-se de que novas soluções são encontradas em cada novo parceiro.

6. Após um espaço de tempo, aumente a porcentagem para cinquenta: metade do peso de uma pessoa permanece no chão. Não tensione; busque por fluidez e use a inércia para mover-se de uma situação a outra.

7. Em seguida, tente 75%.

8. Agora tente 90%. Isso é bastante difícil, porque exatamente 10% do peso de uma pessoa deve permanecer no chão.

9. Finalmente dê ou levante 100% do peso fora do chão. Descubra novas soluções para cada pessoa. Deixe a parceria ser em grupos de dois, três, quatro ou mais integrantes. Mantenha-se em movimento. Finalmente conduza o peso pelo chão, achando uma nova solução para cada encontro.

10. Agora divida os participantes em dois grupos: metade alinhada em um lado do espaço, de frente para a outra metade, no lado

oposto, também alinhada. Peça a cada participante para escolher oito pessoas específicas no outro lado da sala (ou um número menor, se houver menos do que dezesseis pessoas) e estudá-las, memorizando como elas se parecem e como estão vestidas etc. Com os olhos fechados, tentem lembrar-se de todas as oito e os detalhes de como elas se parecem.

11. Depois de memorizadas as oito pessoas, todo o grupo abre os olhos e começa a cantar "ahh" em uníssono (reserve alguns momentos para praticar o canto enquanto o grupo permanece de pé em lados opostos da sala, uma vez que isso será crucial para o próximo exercício). Cada participante pode mudar o tom a qualquer momento, mas o grupo deve tentar manter a integridade harmônica. Todo mundo será responsável pela conglomeração de tons do grupo inteiro, de modo que o som comum seja pleno, ressonante e melódico.

12. Uma vez que o grupo começou a cantar junto, dê o sinal para um lado do grupo começar a cruzar para o outro lado, cada pessoa dirigindo-se a uma das oito pessoas que memorizou. Então cada indivíduo, ainda cantando, levanta e carrega pelo espaço inteiro uma das oito pessoas escolhidas, atravessando de um lado para o outro, encontrando, a cada vez, um modo diferente de fazê-lo. Tão logo o exercício tenha começado, qualquer um pode levantar um participante a qualquer tempo e em qualquer lado da sala, mas ninguém deve erguer uma pessoa no meio do espaço. O carregador é responsável pelo peso e segurança do parceiro. Se uma pessoa menor estiver tendo problemas em carregar uma pessoa maior, a ajuda pode ser oferecida, mas o ajudante não deve contar como um de seus oito a serem carregados (não deixe de lembrar a todos que carreguem de um modo que não haja dor ou lesão e que isso não é uma corrida; não deve haver pressa).

13. Essa ação continua até que cada participante carregue pelo espaço suas oito pessoas designadas, cantando o tempo todo, até que todo mundo tenha terminado de carregar. Então, todos juntos, devem achar um glorioso final para o canto e para o exercício.

14. Sendo o exercício um tanto extenuante, lembre aos participantes que, na medida em que eles se cansarem, sua tendência será esquecer de cantar e a integridade do som comum se perderá. Nesses momentos, peça-lhes que tentem manter o som aberto e pleno, e em harmonia com as outras vozes.

Nota: esse exercício de parceria desenvolve um senso do quão limitadas as escolhas tendem a ser quando envolvem o contato físico direto. Os participantes devem procurar, sem usar as palavras, novos modos de encontrar um ao outro.

EXERCÍCIOS AUXILIARES 2:
Exercício de Feedback

1. Divida os participantes em grupos de três. Determine quem em cada grupo é o número 1, o 2 e o 3. Pergunte a cada um dos 1 o que eles almejam, por quais sensações anseiam e do que precisam. Por cinco minutos, o 1 pode pedir ao 2 e ao 3 que façam qualquer coisa que satisfaça aquelas necessidades anteriormente pensadas. (Eles podem pedir qualquer coisa, contanto que isso não envolva a necessidade de sair da sala.) Pode ser uma massagem nas costas. Talvez queiram ser erguidos ou queiram que cantem para eles ou, ainda, que sejam elogiados. Os de número 1 devem não só pedir por aquilo que querem, mas também se concentrar em receber isso abertamente. Eles devem estar sensíveis ao momento em que o desejo é satisfeito ou é alterado, e mudar seus pedidos de acordo com isso. Os de número 1 são os únicos participantes que podem falar, a não ser que peçam especificamente ao 2 e ao 3 de seu grupo que falem.
2. Depois de cinco minutos, sem discussão, troque: agora os de número 2 solicitam o que desejam dos de número 1 e 3.
3. Depois de cinco minutos, os de número 3 têm sua vez.
4. Depois que todos os três participantes de cada grupo desfrutaram seus cinco minutos de satisfação de seus desejos, peça para que o número 1 de cada grupo feche os olhos. Agora está a cargo do

2 e do 3 de cada grupo levar o 1, desprovido da visão, a uma jornada de cinco minutos. Eles devem ater-se a guiar o 1 de modo que ele tenha contato com outras que não as mãos deles. Essa jornada também deve ficar na sala, mas deve incluir certas sensações que o 1 precisa experienciar: a qualquer momento durante a sequência de cinco minutos, o número 1 deve sentir como se estivesse voando; em algum momento o 1 deve estar habilitado a correr sem medo e sem ser tocado. Quando os cinco minutos acabam e os de número 1 são solicitados a abrir seus olhos, eles devem surpreender-se com o lugar em que estão.

5. Sem discussão, troque para os de número 2, que fecharão seus olhos e serão levados a uma jornada de cinco minutos pelos de número 1 e 3.

6. Finalmente, os de número 3 são levados a uma jornada pelos de número 1 e 2.

7. Depois, disponha o grupo agachado em círculo, com a cabeça inclinada para a frente e os calcanhares no chão. Peça-lhes então que fechem os olhos e tentem relembrar a jornada que acabou de ser feita. Eles devem estar prontos a vocalizar respostas à medida que se lembrem das sensações. Solicite às pessoas que descrevam experiências tidas durante a jornada. Elas podem mencionar palavras como desorientação, voo ou confiança, emocionante ou aventura. Saliente que essas serão chaves para o *feedback*.

Nota: esse exercício introduz o papel do *feedback* no treinamento em Viewpoints. Nós, anteriormente, discutimos a importância do equilíbrio do *feedforward* e do *feedback* (ver capítulo 4, p. 52). Cada participante não só é responsável pelo *feedforward* – a energia que vai para fora, a generosidade e a responsabilidade em relação ao grupo, a audiência e o evento como um todo –, mas cada um deve também permitir-se receber e experienciar visceralmente as informações resultantes que são engatilhadas pela ação. Essa recepção é chamada *feedback* e não pode ser fingida ou indicada, é real.

Por exemplo, quando pensamos no ator Alan Cumming, que atuou no papel de mestre de cerimônias em *Cabaret*, na Broadway, nos lembramos principalmente do prazer contagiante de sua performance. Nós vamos ao teatro não apenas para seguir a linha de pensamento, mas também para criar empatia com a emoção de um ator e a experiência da ficção. Como plateia, engatamos nossos vagões na experiência de um ator: o ator é como um astronauta, lá fora no espaço para nós, conquistando o universo.

Nesse exercício de *feedback*, o foco é abrir os sentidos às sensações do evento, a fim de experienciar a jornada efetuada. O trabalho não é somente estar numa relação espacial correta ou mover-se no andamento certo, mas é também sobre o real, a experiência visceral que os Viewpoints provocam. E, no final das contas, um ator deve ser capaz de partilhar essa experiência em público.

QUATRO VARIEDADES DE ENERGIA

Há quatro variedades específicas de energia disponíveis para qualquer ator em todo e qualquer momento.

1. ENERGIA HORIZONTAL. Conecta atores uns com os outros, e com o mundo ao seu redor. A primeira tendência, quando iniciado o treinamento em Viewpoints, é desviar-se muito fortemente da energia horizontal.

2. ENERGIA VERTICAL. Conecta um ator à natureza e ao universo. Como uma árvore, o ator torna-se a linha que une o céu e a terra. Essa energia se enraíza no chão e se eleva em direção ao céu e une o ator com a imensidão do universo.

3. ENERGIA PESADA. É jovem, incontrolável, visível, não refinada. Ela atravessa as paredes e parece nunca esgotar a sua vitalidade. Quando se inicia o treinamento em Viewpoints, essa energia é a mais acessível.

4. ENERGIA LEVE. É a mais difícil de cultivar. Ela é madura e sutil. É tanto menos visível no exterior quanto mais ocorre no interior da pessoa.

É possível ajustar e alternar essas energias no corpo propositadamente e engenhosamente. Por exemplo: dois atores atuando juntos em uma cena intensa tendem a uma energia muito mais horizontal e algumas vezes, mesmo, não suficientemente vertical. Eles se inclinam em uma direção ao outro e às vezes até cancelam a audiência. No momento da estreita proximidade, tente intensificar a energia vertical em contraste com a inclinação natural para ser extra-horizontal. Isso envolve um aumento da consciência de sua relação com o espaço vertical e irá resultar em um ajuste que é primeiro interno, mas que também causa, em geral, um desvio externo visível. Similarmente, ao desempenhar cenas de isolamento, a tendência é para um uso muito maior da energia vertical. Tente, neste momento, intensificar a horizontal.

RELACIONAMENTO

Em nossa exploração do teatro, em uma arena igualmente horizontal e vertical, é também interessante perguntar: "Eu jogo na direção de quem?", "Eu atuo para quem?" No curso da história mundial do teatro (ocidental), a relação primária do ator no palco tem se alterado muitas vezes. Podemos identificar cinco tipos básicos de relacionamento:

1. PARA OS DEUSES. Nos anfiteatros da antiga Grécia e Roma, os atores falavam diretamente para as estátuas de pedra dos deuses, localizadas muito acima e atrás da plateia. Cada espectador ficava literalmente preso no meio da relação dramática do ator entre o humano e o divino.

2. PARA A REALEZA. Durante a Renascença e no auge dos teatros de corte, os atores atuavam diretamente do e para o centro do lugar

destinado à realeza, o qual muitas vezes ficava no primeiro balcão, não tão alto quanto os *deuses*, mas ainda acima das massas.

3. PARA A AUDIÊNCIA. Por volta do século XIX, os atores foram encorajados com mais frequência a atuar diretamente para frente e para a audiência geral, culminando nas formas de entretenimento popular como o melodrama e o vaudevile.

4. PARA OUTROS ATORES. Com o advento do naturalismo e dramaturgos como Ibsen e Tchékhov, os atores começam a encarar uns aos outros. A "quarta parede" surge e continua a dominar o nosso teatro atual.

5. PARA NINGUÉM. Depois surge Samuel Beckett e o relacionamento dos atores com o vácuo, com o vazio. O foco do Relacionamento tem mudado do cósmico para o humano, para o existencial. É uma fria e distinta relação.

No espírito do pós-modernismo, consideramo-nos livres para escolher e utilizar qualquer relação que julguem útil de toda história do teatro. O teatro do século XXI abrange livre e frequentemente, dentro de uma mesma peça, uma mistura desses vários tipos de relação.

8.
Trabalhando Com Música

A introdução da música sugere novas possibilidades no treinamento e deve ocorrer depois que os Viewpoints individuais tenham sido ensinados e inseridos juntos. A música é um vasto, poderoso e sedutor elemento no teatro, e introduzi-la antes que os Viewpoints individuais tenham sido digeridos seria, em um sentido, uma grande tentação, um estímulo muito forte. Introduzida no momento certo, a música se torna um portal: uma inspiração, um impulso e um desafio.

Introduzir a música é como colocar outro ator em cena. O indivíduo ou o grupo agora deve lidar com o senso de tempo de outro artista, e eles precisarão ajustar-se e incorporar isso. A música é uma parceira. É também um grande presente, porque, assim como o treinamento em Viewpoints, ela conduz, leva à expansão das possibilidades.

Aspectos Práticos da Preparação[1]

Há dois modos de trabalhar com música nas sessões de Viewpoints: uma é ao vivo, a outra é gravada. Nos dois casos, há um ser humano que estará controlando a música, que estará, de certo modo, *viewpointizando* com o grupo, determinando a seleção, a duração de cada peça, o volume etc. É crucial que os indivíduos observem, ouçam o

---

1 No original, *Nuts and bolts in preparation*.

que realmente está acontecendo na sala e respondam a isso. Como um bom DJ, o instrutor está lá para inspirar, cobrar, manter a chama acesa. Algumas vezes isso significará escolher o andamento, outras vezes significará deixar o grupo trabalhar em silêncio.

Para os exercícios seguintes, você deve assumir que a música é gravada, tocada em um aparelho de som e controlada pelo professor, diretor ou pessoa responsável pelo som. Você pode usar um console, um amplificador etc, mas é importante que o sistema usado produza som o suficiente para que todo o grupo possa ouvir bem a música de qualquer ponto do espaço. Uma caixa de som pequena não funcionaria bem em espaços como ginásios ou salões de baile. É preferível trabalhar com um sistema que permita trocas rápidas de uma peça de música para a outra sem haver paradas e recomeços, ou usar dois sistemas independentes, como duas caixas de som, ou um tocador de fita e outro de CD etc. Desse modo, você pode mudar de uma música para outra, depois colocar algo novo no primeiro aparelho enquanto o segundo está ligado.

Se você tiver somente uma fonte de música, será necessário variar as formas de incorporar e retirar a música para que o padrão de silêncio e de música não se torne previsível. Em alguns casos, você deve ir diminuindo o volume devagar; em outros, parar de repente; você pode manter o silêncio por longos ou curtos períodos de tempo, e então introduzir a música de repente e muito alto ou ir baixando-a de um modo quase imperceptível.

A primeira coisa que você vai notar quando introduzir uma música durante o treinamento em Viewpoints é que o grupo imediatamente se moverá com ela, e com isso a abertura e a imprevisibilidade do trabalho fica comprometida. O grupo começa a dançar *para* a música: eles estão mais presos do que livres.

Há muitos aspectos da música que podem facilmente *ditar* movimento mais do que *motivar* ou sugerir:

1. ANDAMENTO. Coloque uma peça de música que é lenta e as pessoas vão se mover vagarosamente; coloque uma música que é rápida e eles se moverão rapidamente. O mesmo é verdade para:

2. RITMO. Coloque uma valsa e as pessoas vão enfatizar a 1ª ou o tempo forte de cada três batidas.

3. HARMONIA. Coloque um coral harmônico e o grupo fará imagens circulares e graciosas; coloque uma dissonância e o trabalho será pontiagudo ou violento.

4. DINÂMICA OU VOLUME. Coloque algo em volume suave e o grupo trabalhará contido; coloque algo alto e eles trabalharão de forma desprendida. Isso nunca falha... ao menos no início.

Essas relações de *causa e efeito* entre música e movimento são naturais. Ambas são orgânicas, brotando da intuição e de ritmos inerentes ao corpo, bem como profundamente associativas, nascendo de um vasto (e provavelmente) semiconsciente reservatório de imagens culturais. Somos guiados por ambos os instintos e por essas associações que, provavelmente, endureceram através dos anos em *hábitos* dos quais não estamos sequer conscientes. Trabalhar com música no treinamento em Viewpoints é também outro modo de aumentar a atentividade a tais padrões e, por conseguinte, aumentar a capacidade de escolha e expandir por esse meio o universo de cada um.

Não há nada de errado em ser escravo da música quando ela é introduzida inicialmente à medida que é percebida. Nosso último objetivo quando trabalhamos com a música não é o de nos mantermos cativos dela, mas, antes, usá-la como um trampolim, a fim de abrir em vez de fechar possibilidades. O primeiro passo rumo à expansão é muitas vezes uma consciência necessária da limitação. Às vezes, isso é inevitável, no caso dessa ferramenta das mais poderosas: a música.

EXERCÍCIO 1:
"Com" e "Contra"

O grupo começa a andar pelo espaço. Coloque uma música e instrua o grupo a deixar a música propiciar elementos para a caminhada. Escolha uma peça que é incisiva em seu ritmo e andamento: uma marcha, uma batida tecno, um hino. Inevitavelmente, o grupo começa a andar *com* a música e, em alguns casos, pode até levar a ilustrá-la, representando a ideia que eles têm dela. (Eles podem até começar a incluir Forma e Gesto.) Peça-lhes que atentem a isso e depois se movam contra o andamento e/ou o ritmo, que se movam em *contraponto*. Se necessário, lembre-os de que eles só podem andar, não havendo nada mais em seu vocabulário corrente, eles podem andar depressa ou devagar ou em hipervelocidade etc., mas só podem andar. Explore ao menos cinco ou seis tempos diferentes de caminhada em relação a uma peça de música que é constante em seu andamento. Desse modo, de maneira simples, procuramos nos libertar da escravidão da música.

EXERCÍCIO 2:
Começando Com Música

Um modo alternativo para introduzir a música é começar a sessão com música enquanto o grupo se aquece. O aquecimento pode ser qualquer coisa tirada da saudação ao sol (como é descrita no cap. 4, Exercício 2) até o alongamento informal geral. Após o aquecimento, peça ao grupo que comece a mover-se pelo espaço. Simplesmente deixe a música continuar tocando. Para esse exercício, é melhor usar uma peça de música convenientemente constante e suave, talvez um adágio clássico ou uma instrumental *New Age*. Dê atenção à Relação Espacial. A seguir, adicione a Resposta Cinestésica. Depois Andamento, Duração e Repetição. O grupo naturalmente irá trabalhar de forma conjunta com a textura da música, mas com uma variedade mutável de andamentos.

Nota: se o grupo estiver fazendo exatamente o que a música dita, desligue a música. O grupo está, de fato, domado. Eles saberão que foram pegos não totalmente acordados. Dê-lhes tempo para voltar em silêncio a uma movimentação simples pelo espaço (com atenção a Andamento, Duração, Resposta Cinestésica, Relação Espacial e Topografia), então acrescente uma nova peça de música.

A proposta do último exercício não é nem trabalhar exclusivamente *com* ou *contra*, mas *junto*, em conjunto. Na medida em que o trabalho com a música continua, pense nela como uma parceira de cena, como outro membro do grupo. A tarefa da música é afetá-lo e movê-lo. Sua tarefa é estar aberto para isso. Pense como se você fosse o arquiteto, estivesse lá para tocar *junto*, dançar junto, para envolver-se em um momento, ignorando-o no próximo. Você pode ilustrar a música, sim, certamente, mas também pode lutar contra ela, comentá-la, flertar com ela, saudá-la.

O objetivo final é criar a impressão, para os intérpretes e a plateia, de que a música emerge do corpo do ator – e isso deveria ser orgânico e integrado.

EXERCÍCIO 3:
Open Viewpoints Sem Ritmo

Escolha uma peça de música que seja relativamente abstrata ou atmosférica, algo com um bocado de textura e não com muito ritmo (por exemplo, música ambiente ou *New Age*). Faça Open Viewpoints com a música. O grupo se acostumará a ouvir a música sem que ela os esteja manipulando, simplesmente porque se está trabalhando com um som que está presente, mas não se faz dominante em seu ritmo.

EXERCÍCIO 4:
Open Viewpoints Com Ritmo

Escolha uma peça de música similar àquela usada no Exercício 1: forte, com batida repetitiva. Faça Open Viewpoints com essa música. Estimule a consciência por meio de Andamento, Duração e Resposta Cinestésica do grupo, de modo que eles não fiquem presos à música e não percam contato com os Viewpoints. Encoraje-os a trabalhar ao som da música com tanta surpresa e variedade quanto no exercício anterior, quando a música era claramente menos impositiva.

EXERCÍCIO 5:
Música Como Tema

Escolha um grupo para trabalhar no espaço, de preferência com 3 a 6 participantes. Peça-lhes que encontrem um ponto de partida:

uma posição de abertura que seja forte espacialmente e arquitetonicamente. Peça para começarem o Open Viewpoints, mas logo depois que começarem, coloque uma música. Peça-lhes que usem a música como *tema*, como *inspiração*. Eles devem deixar que isso enforme e crie o mundo de sua peça. Deixe que a música os guie para a especificidade do Gesto, para um uso particular da Arquitetura. Isso equivale a chegar a um tema para o Open Viewpoints (ver capítulo 13, especialmente a Composição Voltada Para a Peça e o tema/exercícios compositivos daquela seção). Você deve escolher uma música que seja extremamente evocativa e específica: *calliope*[2] para sugerir infância ou circo, marcha militar para sugerir correntes ou guerra, música de *western-espaghetti*[3], *charleston*, guitarra ou cítara da *drug-trip*[4] dos anos de 1960 etc.

EXERCÍCIO 6:
Música Como Contraponto

Um grupo pequeno (3 a 6 participantes) trabalha Open Viewpoints. Sua tarefa é trabalhar em oposição à música: se a música é calma, eles devem trabalhar agressivamente; se é rápida, devem trabalhar lentamente etc. Troque a música com frequência.

A Habilidade Para Malabarismos. Nesse exercício é vital que os indivíduos sejam capazes de manter sua percepção de grupo e que eles não comecem a trabalhar como solistas com a música. O objetivo é balancear o impacto do Open Viewpoints com o da música. Se a música tomar conta, desligue-a imediatamente e, enquanto o grupo continua trabalhando, lembre de trabalhar uns com os outros. Repita as frases: "Fique com os Viewpoints", "Escutem uns aos outros", "Coloque seu foco nos outros".

Como discutimos no capítulo 5, incorporar os Viewpoints individuais é como aprender a fazer malabarismo. No começo, uma

---

2 Antigo instrumento musical movido a gás, também conhecido como órgão ou piano a vapor.
3 Gênero de cinema italiano inspirado no faroeste americano.
4 O termo *drug-trip* remonta a experiências com entorpecentes e psicotrópicos características dos anos de 1960.

pessoa pode ser capaz de manter apenas duas bolas no ar. Você pratica e consegue manter três, depois quatro, e assim por diante. A música é outra bola no ar. O texto será mais outra (veja o próximo capítulo). Demanda prática *adicionar* a música sem deixar cair uma das outras bolas. A música não deve existir sacrificando um *Viewpoint* individual: ela deve ser adicionada quando o grupo puder fazer malabarismo com várias bolas simultaneamente (e com facilidade suficiente) de forma que um elemento novo não diminua a atenção aos Viewpoints. Você provavelmente deixará cair uma bola ou duas. Tudo bem. Comece novamente, encontre seu ritmo, adicione a música.

EXERCÍCIO 7:
Aumentando as Apostas

Comece o Open Viewpoints com uma música ambiente. Depois mude para algo que contenha um pouco mais de acontecimentos: mudanças, paradas, explosões. À medida que o grupo se acostuma com a música, tratando-a como outro ator no espaço, comece a aumentar as apostas através das escolhas musicais: 1. troque para peças de músicas de crescente dramaticidade; 2. mude a música em intervalos mais inesperados; 3. vá bruscamente de um estilo ao seu oposto; 4. toque duas peças de música de uma vez só, trabalhe nos extremos, convidando o grupo a interagir.

EXERCÍCIO 8:
Os Sons do Silêncio

Depois que você trabalhou durante algum tempo com música, volte para o *silêncio* da sala no Open Viewpoints. Saliente como o silêncio está, de fato, cheio de sons, os quais a princípio podem não ser audíveis ou considerados úteis. Trabalhe com esses sons. Pense nesses sons como *música*, com a qual você está agora *viewpointizando*. Escute o trabalho dos corpos, deslocando-se, um rangido no chão, a buzina de um carro na rua, uma sirene etc.

Exercícios Auxiliares
Para Trabalhar Com Música

EXERCÍCIO AUXILIAR 1

Incorpore seleções musicais que contenham textos falados; estimule o grupo a trabalhar tanto além do texto quanto da música. Se você fizer esse exercício depois que a fala foi introduzida, encoraje o grupo a falar e a mover-se para além da gravação, ecoando-a, respondendo-a, torcendo-a.

EXERCÍCIO AUXILIAR 2

Escolha uma peça de música com uma temática específica ou um gênero de música claramente delineado. Propicie ao grupo um ambiente ou tipos característicos de ambos. E comece o Open Viewpoints. Por exemplo, peça ao grupo para trabalhar contra uma parede ou com uma porta específica ou em um canto. Então dê-lhes o cenário de um beco, de um bar ou de uma rua à noite. Especifique o tema, por exemplo de um filme *noir*, e toque uma peça de *cool jazz* da década de 1950 ou algo de um filme *noir*.

Coisas Que Aprendemos
Trabalhando Com A Música

- Ao escutar música, você pode aprender tanto de composição quanto de performance. O modo como Glenn Gould toca Bach é marcadamente diferente do modo como Keith Jarrett o faz. As mesmas notas musicais – um mundo de diferença.
- A música pode amortecer. Observamos isso recentemente quando uma instrutora colocou uma música (um pop contemporâneo que ela adorava) e deixou tocar por três ou quatro minutos. Isso se tornou o equivalente ao grupo ficar preso em uma atividade ou andamento sem possibilidade de mudar. A falta de mudança põe o grupo para "dormir". Eles estavam *viewpointizando* corretamente, mas estavam no piloto automático. A confiabilidade da música põe os *performers*

para dormir. Quando você está sendo o *DJ* de um treinamento em Viewpoints, a atenção mais essencial a desenvolver é a da Duração. Quão longo ou quão brevemente você deve demorar-se em uma peça de música? Quando você muda, e em resposta a quê? Mais uma vez, a Duração envolve o saber acerca de quanto tempo se deve permanecer em algo (nesse caso, em uma música) para que alguma coisa ocorra, para que você explore o momento do evento, mas não tão longo a ponto de que tudo adormeça ou morra.

- Melodias conhecidas ou atuais não são boas para se trabalhar com elas, exceto em curtos aquecimentos aeróbicos ou em breves fixações. Canções que o grupo conhece (e eles vão querer cantar junto ou dançar) são normalmente as mais limitadoras.

- Diferentes tipos de música funcionam melhor em diferentes níveis do treinamento em Viewpoints. Em geral, faça a gradação da menos invasiva para a mais invasiva.

Música Para Viewpoints: Iniciante

Utilize sem letra de música, que sejam abertas, com atmosfera, com ambiência, com repetições:

Will Ackerman
Cirque du Soleil
Philip Glass
Henryk Górecki
Canto Gregoriano
John Hodian
Wim Mertens
Michael Nyman
Penguin Cafe Orchestra
Rachel's
Steve Reich
Adágios (veja "Adágio Para Cordas" de Samuel Barber, a *Quarta Sinfonia* de Gustav Mahler, "Pavana Para a Princesa Morta" de Maurice Ravel).

Música Para Viewpoints:
Intermediário

Introduza peças que evoquem tempo, lugar, imagem, gênero:

Johann Sebastian Bach
Carla Bley
John Lurie
Wolfang Amadeus Mozart
Arvo Pärt
Astor Piazzolla
Tom Verlaine
Tom Waits
Big Band/Swing (Cab Calloway, Tommy Dorsey, Glenn Miller)
Country (Johnny Cash, Patsy Cline, Hank Williams)

Música Para Viewpoints:
Avançado

Introduza músicas erráticas, extremas, imprevisíveis, que captam
a atenção:

Ludwig van Beethoven
Heiner Goebbels
György Ligeti
Gustav Mahler
Einstürzende Neubauten
Arnold Schoenberg
Igor Stravínski
Anton Webern
John Zorn

9.
COMEÇANDO A FALAR

À medida que se acumulam elementos no processo de treinamento em Viewpoints, chega o momento da voz humana. Os Viewpoints Vocais tratam o som da mesma forma que os Viewpoints Físicos tratam os movimentos, por exemplo, aumentando a consciência do puro som separado do significado psicológico ou linguístico. Em vez de ouvir somente o que uma palavra conota, começamos a ter em conta como ela soa e como o som em si contém informação e expressividade. Em acréscimo, o hábito ou o medo, amiúde, geram um alcance limitado de elementos na exploração vocal e física de um ator. Os Viewpoints Vocais ressaltam as limitações do alcance vocal de uma pessoa e subsequentemente encorajam escolhas vocais mais dinâmicas e radicais.

Os Viewpoints Vocais geram uma atitude ousada com o potencial vocal através da liberdade, controle e sensibilidade. Como ferramenta de treinamento do ator, a introdução desses *pontos de vista* podem ser inestimáveis no cultivo de uma virtuosidade vocal. Durante os ensaios de uma peça, o tempo reservado ao treinamento em Viewpoints Vocais oferece muitas vezes uma oportunidade de lidar com o texto da peça em termos não psicológicos, o que, por outro lado, abre ricas e novas possibilidades no trabalho de cena. Alterar a vocalidade pode alterar o significado e o impacto.

Os Viewpoints Vocais são levemente diferentes dos Viewpoints Físicos (por exemplo, não trabalhamos com a Topografia). Quando trabalhamos com os Viewpoints Vocais, usamos: Andamento,

Duração, Repetição, Resposta Cinestésica, Forma, Gesto, Arquitetura, Altura, Dinâmica, Aceleração/Desaceleração, Timbre e Silêncio. Esses Viewpoints devem ser introduzidos um de cada vez. Desenvolvendo cada um individualmente, é possível conduzir os participantes a uma notável consciência do potencial do instrumento vocal, tanto para o locutor como para o ouvinte.

Introduzindo os Viewpoints Vocais Individuais

Começando Sozinho

Cada participante trabalha sozinho no início, escolhendo um local na sala onde ele possa efetivamente concentrar-se em sua própria voz e som. Peça a cada pessoa para inventar uma palavra trissílaba em uma algaravia, por exemplo, "ka-bing-zong", "yip-eed-oh" etc.

EXERCÍCIO 1:
Altura

1. Comece em um tom mais baixo possível, entoando seu palavreado trissílabo, e continue repetindo-o, aumentando em cada repetição o tom em uma altura. O exercício estará completo quando você vocalizar a palavra no tom mais alto (e seguro) dentro de seu alcance.
2. Trabalhe individualmente, experimentando a mudança de altura em cada sílaba de sua palavra. Nesse momento, tente grave/grave/agudo ou muito agudo/muito agudo/médio grave etc. Tente criar o máximo possível de combinações.

Nota: esse exercício aumenta a atenção à nossa tradicionalmente limitada extensão de tonalidades vocais e reforça a habilidade para expandir esse alcance. O mesmo se verifica nos exercícios seguintes, em termos de expansão do alcance dinâmico do registro vocal do *performer*, do alcance temporal etc.

EXERCÍCIO 2:
Dinâmica

1. Iniciando em seu mais baixo volume (quase inaudível), fale sua palavra algaraviada, e continue repetindo-a, aumentando em cada repetição um grau de volume. O exercício se completa quando você estiver vocalizando sua palavra no volume mais alto (mas ainda seguro) possível.

2. Agora experimente mudar a dinâmica, ou o volume, em cada sílaba da palavra, por exemplo, volume alto/pouco audível/médio ou volume baixo/volume alto/volume baixo etc.

EXERCÍCIO 3:
Andamento e Duração

Repita a mesma forma descrita acima, exceto em termos de andamento, indo da velocidade mais lenta possível para a mais rápida. Depois troque o andamento/duração em cada sílaba.

EXERCÍCIO 4:
Timbre

Experimente, com sua palavra algaraviada, usar diferentes ressonadores físicos para produzir o som, por exemplo, nasal, a partir do abdome, com a garganta etc. Misture e combine como descrito acima.

EXERCÍCIO 5:
Forma

1. Peça aos participantes para pegar a palavra algaraviada de três sílabas e, ainda trabalhando individualmente, ajustar as vogais e as consoantes ao necessário para produzir uma palavra feita de formas *arredondadas*. Quais sons parecem redondos? Por quê? Quais claramente não o são? Agora troque as sílabas e crie

uma palavra algaraviada que seja linear ou *entalhada* nas suas formas componentes.

2. Misture e combine como descrito nos exercícios acima.

3. Pense e diga em voz alta, para si mesmo, palavras reconhecíveis da língua portuguesa (ou de qualquer outra língua) que sejam especificamente redondas, *leves* ou *fluidas* na forma, ou especificamente *aguçadas, pontudas* ou *percussivas.*

EXERCÍCIO 6:
Gesto

Assim como nos Viewpoints Físicos, os Viewpoints Vocais podem ser tanto Expressivos como Comportamentais. Nós aprendemos a fazer *Gestos Vocais*, que são sons com um começo, meio e fim, palavras diferentes que possuem definições linguísticas específicas.

EXPRESSIVO. Cada indivíduo produz uma série de Gestos Vocais Expressivos por conta própria. Estes são sons que não pertencem ao comportamento diário, mas, em vez disso, expressam de uma forma mais abstrata um estado de ser, uma emoção ou uma ideia.

Por exemplo, qual é o Gesto Vocal que expressa pesar? (tome o cuidado de distinguir entre um Gesto Vocal Comportamental para o pesar, o qual pode ser o som de um soluço ou de um lamento, e um Gesto Expressivo, o qual pode ser um alongado e alto "eeeeeeeeei", seguido por um "oh...ooooh" muito baixo. Qual é o Gesto Vocal que expressa liberdade? Terror? E um Gesto Vocal que expressa a ideia de equilíbrio? Ou justiça? Ou lar?

COMPORTAMENTAL. Assim como nos Viewpoints Físicos, Gestos Vocais Comportamentais são observados na vida cotidiana, seja na vida pública ou privada, e dão informações concretas no tocante ao tempo de uma pessoa, lugar, condição ou caráter, bem como expressam significados ou intenções específicas.

1. Produza uma série de Gestos Vocais Comportamentais que as pessoas ao seu redor fazem todos os dias na rua, no ônibus, no metrô etc. Estes podem incluir os de limpar a garganta, engolir, exalar, fungar etc.

2. Produza uma série de Gestos Vocais Comportamentais que dão informações sobre o clima (dentes batendo) ou sobre a saúde de uma pessoa (tosse) ou sua idade (respiração ofegante).

3. Produza uma série de Gestos Comportamentais Vocais que expressem ou deem informação sobre a personalidade ou o comportamento de uma pessoa, por exemplo, ranger de dentes, cacarejar constante ou um leve assobio.

4. Produza uma série de Gestos Comportamentais Vocais que tenham um pensamento ou uma intenção por trás deles e que não use palavras. Por exemplo, uma alta e proposital limpada na garganta: "eh-hem", um "tsk tsk" reprimido, um gemido expressando prazer.

EXERCÍCIO 7:
Arquitetura

Retornando à palavra trissílaba algaraviada, use-a repetidamente e em diferentes volumes, para explorar o espaço físico no qual você está trabalhando. Isso é exatamente como um técnico de som ou um cantor faz quando se coloca no palco, batendo as mãos para ouvir o quão viva ou morta a sala é. Explore cantos, paredes, suas várias texturas e materiais, distância, objetos etc.

Continuando em Grupos

EXERCÍCIO 8:
Repetição

1. O grupo senta-se em círculo. Duas pessoas vão para o centro. A pessoa A é o líder e a pessoa B é o repetidor. Usando uma palavra trissílaba algaraviada, a pessoa A gera uma série de sons

usando Altura, Dinâmica, Andamento e Duração de um modo Expressivo. A pessoa B repete tudo exatamente.

2. O mesmo que o descrito acima, exceto que a pessoa B troca um Viewpoint enquanto repete os outros exatamente. Comece com a repetição da altura (agudos ou graves), porém mudando a dinâmica (volume baixo ou alto). Por exemplo, a palavra da pessoa A é "x-y-z" e ela diz: x (agudo e baixo volume), y (agudo e baixo volume), z (grave e alto volume); a pessoa B pode repetir a altura, mas mudar a dinâmica dizendo: x (agudo e alto volume), y (agudo e alto volume), z (grave e baixo volume). Continue jogando com isso até que a pessoa que está repetindo possa responder de maneira espontânea e lúdica.

3. O mesmo que o descrito acima, exceto que a pessoa B faz a exata repetição da dinâmica e muda as escolhas de altura. Esse exercício pode continuar ou ser refinado com qualquer combinação entre os Viewpoints Vocais (por exemplo, repetir a altura e a dinâmica, porém mudar o andamento etc.).

4. Inverta os papéis, com B gerando os sons e A repetindo.

EXERCÍCIO 9:
Resposta Cinestésica, Silêncio e Adiante...

Quatro pessoas sentam-se no centro de um círculo com os olhos fechados. Cada uma escolhe uma palavra, inventada ou não, mediante o entendimento do líder. O líder também pode fornecer uma palavra ou frase com a qual todo o grupo trabalhe. Ao excluir a opção de variedade das palavras e centrar seu foco totalmente no estímulo dado pelos outros, cada indivíduo concentra-se não em *qual* som está produzindo, mas em *quando* ele o produz. O *timing* é determinado pelo ato de responder cinestesicamente aos sons dos outros.

Nota: esse exercício tem um paralelo com o trabalho nas Raias, no Viewpoint Físico, em que há um vocabulário limitado (as palavras escolhidas ou frases), um pequeno grupo de participantes e, portanto, uma oportunidade de praticar uma verdadeira rendição de controle em favor da simples e direta reação às ações externas, neste caso o som. Assim como a pausa nos Viewpoints Físicos, o silêncio funciona aqui. Os participantes talvez precisem ser lembrados de que devem incluir silêncios e confiar neles de forma pró-ativa e criativa, em vez de uma forma passiva. O silêncio torna-se menos um período inativo de espera e mais um campo expressivo do som por si só.

O Próximo Passo

Incorporando Diálogo

EXERCÍCIO 1:
Falando e Respirando

1. Divida os participantes em dois grupos: A e B. Faça um grupo sentar-se em frente ao outro, em um círculo. Introduza um fragmento de diálogo a ser memorizado na hora, de preferência de seis a doze linhas de texto que sejam concisas e abertas em seu significado. Um exemplo, o diálogo de Sarah e Richard, extraído da peça O *Amante*, de Harold Pinter:

> A- Richard?
> B- Hummm?
> A- Você alguma vez pensa em mim... quando está com ela?
> B- Ah, um pouco. Não muito. Nós falamos sobre você.
> A- Você fala sobre mim com ela?
> B- Ocasionalmente. Isso a diverte.
> A- A diverte?
> B- Humm.
> A- Como... você fala sobre mim?
> B- Delicadamente.

Os grupos A e B aprendem esse texto primeiro como um coro mediante a acumulação, adicionando a próxima linha a cada rodada. Assim, peça a todos os A para dizerem em uníssono: "Richard?". Então adicione a fala do B, "Humm?", que eles devem proferir em uníssono. Volte e repita essas duas linhas, dessa vez ensinando e colocando a terceira, "Você alguma vez pensa em mim... quando está com ela?", e assim por diante. À medida que eles aprendem o texto, devem também aprender a respirar enquanto seus colegas estão falando, isto é, quando os A estão falando, os B inspiram; e enquanto os B falam, os A inspiram.

2. Peça a um A e a um B para dizer o diálogo de uma só vez, com especial atenção e sensibilidade, ao que o outro inicia. Tão logo a dupla tenha dito o texto todo, peça-lhes que o façam novamente, mas agora de um modo diferente. Depois peça à mesma dupla para cumprir a tarefa de um modo completamente novo. Nesse exercício particular, você está, de modo consciente, pedindo variações simplesmente em função da variedade (ao contrário dos primeiros exercícios do treinamento em Viewpoints, nos quais toda tentativa imposta de variação é desencorajada). Encoraje a diferenciação. Permita a arbitrariedade.

Note as estreitas limitações no alcance e quão depressa uma interpretação psicológica pode eliminar o potencial de espontaneidade e jogo. As escolhas vocais constituem realmente uma resposta a outra pessoa? O quanto da fala parece premeditada ou automática? Quando os atores estão verdadeiramente sensibilizados com as escolhas e ajustes de um para com outro, então o trabalho realmente começa.

Vale tentar com que várias duplas façam esse diálogo de Pinter umas com as outras, para experimentar a necessidade de escuta e resposta, e para que outros observem diferenças no ataque e na flexibilidade vocal nas interações.

Adicionando os Viewpoints Vocais ao Trabalho Com Diálogo

Agora é o momento de incorporar os Viewpoints Vocais, um de cada vez. Quando introduzir cada Viewpoint Vocal, peça a uma dupla diferente para testar o diálogo enquanto mantém o foco no

Viewpoint particular em questão. Eventualmente, todos os Viewpoints Vocais podem estar em jogo juntos (parecido com os Viewpoints Físicos, quando são dominados). Mas, inicialmente, concentre-se em um de cada vez.

EXERCÍCIO 1:
Altura

A Altura é a posição de um som na escala, definido por sua frequência. Como acontece quando se canta ou se toca um instrumento, a altura é onde um som está no âmbito de alcance possível do instrumento, neste caso, a voz. Nos Viewpoints Vocais uma escolha é feita em relação à posição em que uma nota está colocada no alcance vocal, do grave ao agudo ou do agudo ao grave. Quão longo é o alcance vocal de cada participante? Quão flexível e capaz de responder e ajustar-se em relação à altura de seu companheiro é o participante? A pessoa que inicia o diálogo começa em uma altura particular da forma mais clara e exata possível. Depois disso, a escolha da altura a qualquer momento é sempre uma resposta à altura que está em jogo.

EXERCÍCIO 2:
Dinâmica

Nos Viewpoints Vocais, Dinâmica é volume ou sonoridade. Dinâmica é uma expressão do grau de agressividade ou ataque por parte do locutor. Note como uma simples mudança na dinâmica pode mudar radicalmente o significado de um momento ou interação. Novamente, a escolha da dinâmica deve emergir como uma resposta à dinâmica oferecida pelo colega de cena.

EXERCÍCIO 3:
Andamento

Assim como nos Viewpoints Físicos, Andamento é velocidade. No caso dos Viewpoints Vocais, Andamento é a velocidade com que as palavras ou sons são expressados. A atenção à variação de andamento e a capacidade de responder ao andamento do colega é essencial. Um responde ao andamento do outro com uma escolha de velocidade. Note como o Andamento também pode alterar o significado do diálogo e a sensação do relacionamento expresso na elocução do diálogo.

EXERCÍCIO 4:
Aceleração/Desaceleração

Peça a uma dupla A/B para acelerar a velocidade do diálogo juntos, começando devagar e aumentando a rapidez, mantendo uma aceleração, nunca saindo do nível. Tão logo isso for possível, tente o oposto – desaceleração iniciando rápido e, em colaboração mútua, reduzindo a velocidade até o fim do diálogo. Quão larga pode ser a escala da velocidade? Pode o rápido começar muito rápido e o devagar acabar muito devagar? Observe de novo como a aceleração e a desaceleração alteram o significado do diálogo, assim como altera nossa percepção do relacionamento.

EXERCÍCIO 5:
Repetição

Com uma apurada sensibilidade para a Repetição, os participantes devem jogar com seus parceiros Altura, Dinâmica ou Andamento através da Repetição. Músicos usam a repetição para criar melodias. Atores podem usar a Repetição como uma das formas de se comunicar uns com os outros.

EXERCÍCIO 6:
Timbre

Forma, tamanho e substância determinam o timbre particular de cada instrumento musical. Por exemplo, o som que um oboé faz é criado pelo tipo de madeira com que é feito e pela cavidade criada por sua forma. Cantores de ópera são frequentemente reconhecidos por seu som particular, seu timbre. Os ressonadores físicos particulares, a forma e a substância de seus corpos e pulmões determinam um som distinto para cada cantor. Atores devem experimentar produzir sons a partir de vários ressonadores físicos, nasal, garganta, barriga etc, dependendo da personagem e da situação que ela está vivendo.

EXERCÍCIO 7:
Silêncio

O compositor John Cage disse que um som é tão audível quanto o silêncio que está em ambos os lados dele. Ainda mais do que a pausa nos Viewpoints Físicos, o Silêncio oferece uma ferramenta incrivelmente poderosa para a expressão; nós devemos conhecê--lo, experimentá-lo e explorá-lo. Mais do que uma série de pausas inconscientes e aleatórias, o silêncio ganha significado quando é intencional e bem colocado esteticamente. Tente o diálogo em que dois participantes escolhem apenas um Silêncio. Não escolha o espaço entre as falas dos participantes para esse Silêncio, mas, em vez disso, encontre-o dentro das frases ou no meio das palavras. Experimente como o silêncio, quando colocado de modo específico e parcimonioso, pode criar ou alterar significados.

Trabalhe com o diálogo descrito acima, assegurando-se de que o A inspire enquanto duram as falas do B, para que ele possa falar logo após as linhas do B, e vice-versa; não deve haver uma interrupção não intencional do fluxo do diálogo. Na vida, quando as pessoas falam juntas, há um fluxo e frequentemente um entrelaçamento. Os Silêncios são significativos porque são raros e emergem da especificidade da situação. Os atores muitas vezes inspiram *depois* da fala do companheiro, antes de começar a falar. Eles se preparam para falar antes de fazê-lo ou atuam antes de sua própria fala em lugar de fazê-lo durante a fala. Esse ligeiro freio corta o fluxo da energia. O diálogo torna-se "um falar em turnos" e nunca poderá ser espontâneo, imprevisível ou dinâmico.

O ato de falar, de acordo com a antropologia geral, nasceu como um ato de sobrevivência – sons assinalando perigos; isso anunciava fome ou necessidade sexual. Falar mantém-se (no palco e em nossa cultura), no melhor dos casos, como um ato de sobrevivência. Falar é um ato físico, não psicológico. Trabalhe com a noção de que no palco uma pessoa deve falar a partir da necessidade: quando todo o restante está fisicamente assinalado e expresso, uma pessoa fala. Veja o que acontece quando a fala vem do último estágio da necessidade física para expressar ou comunicar.

Cuidado com as habituais *pegadas de ar*: inspirações involuntárias que param o fluxo das palavras. As pegadas de ar habituais geralmente ocorrem a partir da desconexão e do medo, quando uma pessoa não sabe o texto ou não o tem bastante em mira.

Incorporando Movimento

EXERCÍCIO 1:
Falando a Partir da Posição Sats

Este exercício finalmente une os Viewpoints Vocais e Físicos.

1. Cada participante traz um curto monólogo.
2. Peça a uma pessoa para andar até o centro do palco, colocar-se na posição *Sats* (ver capítulo 6) e falar bem alto, postergando a primeira inspiração, após o começo do monólogo, o máximo possível no texto. Tenha certeza de que, enquanto o fôlego da pessoa vai se esgotando, uma tentativa é feita para que o volume de voz soe mais alto no fim da respiração, como seria o normal. Atente aos resultados. Em qual momento, quando a pessoa começa a perder o ar, a fala se torna física e necessária? Com que frequência a inconsciente tomada de fôlego interfere no fluxo das palavras?
3. Coloque de sete a nove participantes na posição *Sats*, em uma linha horizontal no fundo do palco, da esquerda para a direita, cada um com um monólogo preparado.
4. Um deles começa a dizer seu texto. No momento da primeira inspiração dessa pessoa, outra deve começar a falar e a pessoa anterior deve parar. Somente uma pessoa de cada vez deve falar nesse exercício. A cada inalação, qualquer outra pessoa pode assumir a fala. O objetivo é que todos os participantes digam todo o seu texto ao menos uma vez.

Esse exercício demanda uma escuta intensa e uma consciência da respiração. A pessoa sempre assume onde parou anteriormente seu texto, até que fale todo o seu monólogo. Uma vez que todos tenham completado seus monólogos, uma sessão de Open Viewpoints pode vir a seguir, enquanto todos mantêm a linha do *Sats* no palco. A qualquer momento, enquanto se está em *Sats*, um participante pode falar qualquer parte do seu texto ou fragmentos do texto de outra pessoa. Como sempre, mantenha a atenção para o todo, para o que está sendo visto e ouvido por aqueles que não estão participando (a plateia).

Também é possível desfazer a posição *Sats* no meio do Open Viewpoints e, em seu lugar, as pessoas devem falar enquanto se movem em Viewpoints Físicos. Esse é um bom jeito de conjuntar os Viewpoints Físicos e Vocais pela primeira vez.

EXERCÍCIO 2:
A *Peça da Cadeira*

1. Divida todos em dois grupos novamente (A e B). Forme duplas A/B. Cada dupla deve saber de cor as duas partes do texto de Pinter.

2. Peça que somente um casal vá ao palco com uma cadeira e exponha para os outros. A arquitetura para esse trabalho é simplesmente a cadeira e mais ou menos dois metros quadrados, aproximadamente, ao seu redor. A cadeira permanece onde está durante o desenrolar [do trecho] da peça. O contexto para o movimento da dupla é o comportamento que pode ser gerado em uma cozinha no meio da noite. O casal explora uma relação em crise e a dinâmica da atração e da separação que marca a situação. É importante não discutir esse relacionamento, mas, em vez disso, torná-lo perceptível na ação.

3. Comece com um casal em uma posição que, por meio do onde e do como cada um esteja fisicamente posicionado, expresse algo sobre a tensão no relacionamento. Por exemplo, A senta-se na cadeira, mão em um dos joelhos, com o olhar distante, e B, virado, mãos nos quadris, encarando o fundo do palco.

O modo como a dupla usa a Forma e a Relação Espacial expressa algo do relacionamento entre eles. Podemos chamar esta de *posição zero*, pois é simplesmente o ponto a partir do qual se inicia a cena.

4. Uma vez que a posição zero esteja estabelecida e clara, peça à dupla (que trabalha juntamente com os Viewpoints) para achar outra posição, que é um *tableau* completamente novo a expressar outro aspecto da relação. Chamaremos isso de posição 1. Uma vez que a posição 1 esteja clara, certifique-se de que a dupla se move vagarosamente da posição zero para a posição 1.

5. Agora passe para a posição 2. Faça um novo *tableau* expressando uma dinâmica ulterior da relação.

6. Uma vez que a 2 está clara, passe para a 3, e assim por diante até a 7.

7. Uma vez que a posição 7 tenha sido completada (8 *tableaux*, ou posições, estão completas de 0 a 7), peça à dupla para mover-se, junta, por essas 8 posições, dessa vez executando-as como uma cena. Apesar de o movimento continuar o mesmo, a interpretação do movimento muda em consequência de como os dois atores manejam o tempo juntos. Eles respondem cinestesicamente, com atenção ao Andamento e à Duração. Encontram o significado da cena na forma de como a desempenham.

8. Peça à dupla para executar a sequência várias vezes, simplesmente alterando seu *timing*, usando a Resposta Cinestésica, o Andamento e a Duração. Cada versão deveria contar agora uma nova história e criar novas dimensões do relacionamento, chegando a isso organicamente.

9. Agora peça a todas as duplas A/B para criarem seus próprios *tableaux* de 0 a 7, também baseados nas dinâmicas do seu próprio casal em uma cozinha. Devem trabalhar sem falar muito, exceto para contar seus *tableaux*. Devem concentrar-se nos detalhes e sutilezas dos movimentos, usando sua experiência com os Viewpoints para achar soluções.

10. Uma vez que todas as duplas A/B estabeleceram a sequência, e somente depois que todos os movimentos estiverem seguros,

peça-lhes que encontrem um meio de colocar o texto de Pinter "em cima" da sequência sem mudar os movimentos para acompanhar o texto. Assegure-se de que eles simplesmente permitam que o texto paire sobre o movimento. Chame a sua atenção se (ou quando) começarem a forçar o texto ou forçar a atuação.

11. Encoraje as duplas a descobrirem momentos baseados simplesmente na combinação de qual fala é dita com qual ação física. Dê um pouco de tempo a essa tarefa e então solicite às duplas, uma de cada vez, que apresentem suas peças na cadeira para o resto do grupo.

Note como a justaposição coincidental do texto e do movimento realmente serve para clarear um ao outro (ver a referência a Dürrenmatt, capítulo 15, p. 214). Note como os atores não estão mais fazendo um jogo psicológico, mas atuando um com o outro. Eles deixam as conclusões para os espectadores. Observe como a velocidade e o ataque mudam significados.

EXERCÍCIO 3:
Ação e Fala

1. Divida o grupo em duplas.

2. Dê a cada dupla as cinco ações seguintes: 1. superar uma resistência; 2. pegar; 3. curvar-se; 4. beijar; 5. sair correndo. Peça a cada dupla para criar uma peça de movimento usando essas cinco ações em qualquer ordem.

3. Tão logo tenham completado o esquete, peça às duplas para introduzir seus monólogos prévios (do exercício 1, Falando a Partir da Posição *Sats*) juntamente na ação desenvolvida, de modo que falem em diálogo enquanto se movem.

4. Cada dupla deve efetuar suas sequências de movimento/fala para todo o grupo, uma de cada vez. Note que quando a fala emerge da ação física e está conectada a ela (de modo oposto a ficar separado dela), o texto se torna passional e pessoal.

Esse exercício demonstra quão poderoso é *falar a partir de uma experiência de ação física real.*

Imagine que você acabou de sofrer uma batida de carro. Você sai do carro batido, anda precariamente pela estrada, acha uma pessoa que pode lhe ajudar e profere as seguintes palavras: "Eu sofri um acidente de carro!" Você provavelmente não iria *gritar*: "Eu sofri um acidente de carro!" A partir do calor da experiência da batida do carro, que está viva e fresca no corpo, você fala com necessidade, economia e em união com o evento. Você não precisa gritar ou provar nada. A experiência recente está conectada ao ato da fala.

> *Você sente medo e corre do urso ou a ação de correr gera o sentimento de medo?* [Jean-Jacques Rousseau]

Na atuação, podemos aprender a contar menos com a geração de sentimentos saídos do nada[5] e, em vez disso, começar a confiar em simples ações físicas que vivemos no palco.

EXERCÍCIO 4:
Material Pessoal

1. Cada participante escolhe uma lembrança de um evento real que ainda evoque um resquício de emoção. Talvez a memória engatilhe uma sensação de perda ou felicidade intensa.

2. Cada pessoa deve então criar uma cadeia de ações físicas que incorpore o evento relembrado. Por exemplo, em uma estação de trem você está dando adeus a uma pessoa amada, joga um beijo e acena, vira, caminha, vai embora, olhando ainda uma vez sobre seu ombro.

3. Uma vez determinada a ação física, peça a um participante para executar essa sequência de ações, imbuído de sua experiência pessoal. Note como a ação física é um recipiente para o sentimento.

---

5 Do original, *thin air.*

4. Agora peça a todos os participantes, um de cada vez, para dizer suas memórias enquanto se movem através de suas próprias ações físicas, a todo momento sustentando a memória e seu efeito.

5. A seguir, agrupe os participantes em duplas. Peça a cada dupla que transforme suas ações solo e seus monólogos em cenas, misturando-os.

6. Cada dupla apresenta sua cena completa, uma por vez, para os outros.

Nota: esse exercício, em particular, resulta em espontaneidade e em falta de autoconsciência, porque os participantes são solicitados a lidar com muitas coisas ao mesmo tempo: ação física, fala, vivência de memória e relação com um parceiro. É impossível *pensar* enquanto se faz esse exercício. Há simplesmente muita coisa acontecendo de uma vez.

A multiplicação de tarefas nesses exercícios pode parecer sufocante, mas é, de fato, destinada a permitir que a intuição invada e tome o controle dos mais limitantes e controladores mecanismos do cérebro.

10.
Os Viewpoints no Ensaio

A pergunta mais comumente feita a respeito dos Viewpoints é "Como eu utilizo isso no ensaio de uma peça?" A aplicação do treinamento em Viewpoints no processo de ensaio é complexa e muda de acordo com o material, o ponto de vista do diretor e/ou do dramaturgo e as dinâmicas do elenco.

O treinamento em Viewpoints pode ser incorporado através de todos os estágios do processo de ensaio e tem uma ampla gama de benefícios.

- Durante os *primeiros estágios de ensaio*, pode ser usado para 1. criar um coletivo e 2. desenvolver um vocabulário físico para o universo da peça.

- Nos *segundos estágios do ensaio*, pode ser usado para 1. aprofundar personagem, 2. encontrar a vida física para a peça e 3. pode aplicar-se diretamente à organização de cenas ou transições.

- Durante as *apresentações de um espetáculo*, pode ser usado para 1. propiciar um aquecimento à companhia e 2. manter o frescor e a espontaneidade da performance.

Ensaios Iniciais

É melhor incorporar o treinamento em Viewpoints no processo inicial de ensaio, mesmo no primeiro dia de um projeto. Ao trabalhar com atores muito experientes, ou talvez um tanto defensivos, lembre-se de pedir ao grupo para estar aberto, para dar espaço ao jogo, aos erros, às intimidades e aos embaraços. É proveitoso dizer algo como: "Você não tem que gostar disso ou concordar com aquilo, mas eu peço que, por hoje, você aborde o trabalho com o coração aberto". Introduzido com sensibilidade, paixão e clareza, o treinamento em Viewpoints sempre quebra barreiras de resistência – e rapidamente.

Aplicar o treinamento em Viewpoints no começo do processo de ensaio é um excelente meio de incluir novos corpos, em um novo tempo, em um novo espaço, em uma nova peça. Quando trabalhar com um grupo novo, você deveria sempre introduzir os Viewpoints individuais de uma forma simples, seguindo as linhas básicas (ver capítulos 1 e 2), mesmo se um ou mais participantes já tiverem a experiência com essa prática. Nossa sugestão é começar pela introdução básica dos Viewpoints, incluindo os individuais, *soft focus*, Trabalho na Grade, Trabalho na Raia e Open Viewpoints.

Nos primeiros dias de ensaio, o treinamento em Viewpoints é usado primordialmente para criar um coletivo, estabelecendo um vocabulário-atalho e um vocabulário físico.

Criar um Coletivo

Uma vez que se tenha um grupo trabalhando em estreito contato físico (suado), o treinamento em Viewpoints rapidamente quebra as barreiras de polidez e medos individuais ao encorajar os indivíduos a se soltar, a jogar. É a diferença entre molhar a ponta dos pés na água e mergulhar – os Viewpoints são um mergulho, um modo de manter o grupo funcionando *como um grupo*. Valoriza-se a escuta e a resposta aos outros. Retira-se a pressão sobre qualquer pessoa que sinta que deve criar num vazio. A ênfase é colocada no fato de que a peça será feita por, e pertence a, cada membro do coletivo – não há pequenos papéis. Com frequência se a peça não for um coletivo em sua natureza, essas sessões tornam-se uma, se não a única, oportunidade para se estar junto e trabalhar como uma companhia até o início da montagem técnica e/ou das performances (os participantes comentavam amiúde que, se não fosse pelos Viewpoints, eles nunca poderiam saber se este ou aquele [ator] estava no mesmo espetáculo).

Estabelecer um Vocabulário-Atalho Falado

Uma vez que a terminologia dos Viewpoints foi introduzida, pode permanecer como um atalho para dar uma direção ou funcionar como um ajuste em todo o processo. Se você estiver trabalhando com dez pessoas num palco, em vez de levar cinco minutos para dizer: "John, mova-se para a frente cerca de um metro, não, um pouco mais para trás, bom..." ou "Sara, agora dê um passo para sua esquerda... não, apenas um passo"...você pode simplesmente dizer: "Relação Espacial" e o grupo instantaneamente ajustará por si próprio as figuras em cena numa relação mais expressiva. Nomear maneiras para falar sobre tempo e espaço no palco pode nos conduzir a uma linguagem compartilhada, um vocabulário comum. Isso economiza tempo e evita eventuais desentendimentos.

Estabelecer um Vocabulário Físico
Para o Universo da Peça

O que faz uma produção diferente da outra? O que faz com que dez atores em uma produção pareçam estar na mesma peça, enquanto outros dez em outra parecem atuar em peças diferentes? O que faz o Universo da Peça específico e, portanto, memorável? A noção fundamental, implícita em toda a nossa discussão para ambos, Viewpoints e Composição, é que há uma linguagem real na dimensão física de uma produção. Há um texto falado (geralmente), mas há também um movimento e/ou texto imagístico. Como diretores, *designers* e *performers*, nós falamos coisas, fazemos projetos, criamos significados com a vida física de uma produção. Precisamos tornar nossos escritos algo específico, assim como desejaríamos que o dramaturgo o fizesse. Esse trabalho inicial de estabelecimento do vocabulário de um Universo da Peça equivale ao de um escritor que coleta frases ou pesquisa, ao de um pintor que escolhe as cores para a paleta, ao de um compositor que explora sentimentos (ou campos) antes que quaisquer especificidades sejam definidas. Nem todas as pinturas incluem todas as cores; mesmo uma peça de música barroca é identificada por características distintas de harmonia e métrica.

"Isso é Vice"

Os produtores do programa de televisão *Miami Vice* contrataram um homem cujo trabalho era se encontrar com quem estava dirigindo o episódio da semana, ir com ele/ela para lugares explorados pelo roteiro, lojas de roupas etc., e determinar se alguma coisa era ou não *Vice*. Quando alguma coisa pertencia ao universo do programa, ele dizia: "Isso é *Vice*", quando não, dizia: "Isso não é *Vice*".

Ao trabalhar numa produção, essas primeiras sessões de Viewpoints dizem respeito à forma de liderar o grupo para um acordo coletivo a respeito do que é ou não é *Vice* para uma encenação específica.

"Aponte"

Se a peça é ambientada num lugar ou período particular, faça Open Viewpoints com essa ambientação como tema. Imagens, padrões e texturas irão surgir; você deve observá-los e depois apontá-los para a companhia. Como o filósofo Wittgenstein dizia: "Se você não pode dizê-lo, aponte". A imagem da coisa a ser criada emergirá lentamente. Isso irá incluir certas coisas (talvez uma topografia rodopiando, talvez pessoas no chão, talvez andamentos lentos) e excluir outras. Sinta-se livre para apontar coisas que *não* são do Universo da Peça e explicar o porquê.

Se você estiver criando um espetáculo com um Universo da Peça inventado, você começará por defini-lo. Como o tempo funciona aqui? Quais oposições inesperadas caminham juntas?

Muitas vezes, não podemos formular em palavras exatas como uma peça deveria se parecer, se mover e se sentir. Algumas vezes nós sequer nos conhecemos. Mas algo muda quando nos deparamos com certo acontecimento. Sabemos o que nos move e nos excita.

Então, vamos dizer que ensaiaremos para uma produção de *The Adding Machine*, (A Máquina de Somar), de Elmer Rice, ou o musical de 1950, *The Boy Friend* (O Namorado), que é ambientado em 1920. Você pode fazer Open Viewpoints inserindo neles elementos dos "anos 1920". Sugira que a metade da companhia trabalhe e a outra assista. Feito isso, peça ao grupo que assistiu para falar sobre o que foi observado – não se foi bom ou ruim, mas simplesmente o que se lhes apresentou. Em qual topografia os atores trabalharam? Qual forma eles repetiram? Quais gestos? Você poderia observar andamentos rápidos, formas geométricas, partes de corpos *isoladas*. Então discuta se os padrões que emergiram são ou não *Vice*, ou melhor: "Isso é *Adding Machine*" ou "Isso é *The Boy Friend* ", e por que.

"Qualquer Coisa É Possível"

Como foi discutido anteriormente, os Viewpoints podem livrar um ator da crença de que: "Minha personagem nunca faria isso". Os Viewpoints são um instrumento para descobrir ações, não de psicologia ou de histórias passadas, mas de um estímulo físico imediato. Atores e diretores deveriam assistir aos Viewpoints da companhia e notar não apenas os momentos que são óbvios na peça, mas aqueles que *poderiam* ser. Como diretores, podemos ser tão limitados mentalmente a ponto de dizer: "Minha peça nunca incluiria aquilo". Os Viewpoints são seu dom para explodir o invólucro, trabalhar fora do convencional, descobrir mais escolhas inesperadas, permanecendo aberto ao que acontece e ao que te move, em lugar daquilo que você pensou originalmente que deveria, ou não, ser. Considere tudo.

Observando padrões emergentes nos Viewpoints, você será capaz de desenvolver o que nós chamamos de Lista de Ingredientes. Mantenha uma lista do que ocorre repetidas vezes e do que é do Universo da sua Peça. Mantenha uma lista do que persiste e ressoa. Deixe essas impressões formarem os fundamentos de sua Lista de Ingredientes: os possíveis itens que você poderia usar para criar sua mistura (nesse caso, a produção). Estes poderiam incluir gestos muito específicos, tipos de movimentos ou até sequências que mais tarde você incorporará à produção (a Lista de Ingredientes será discutida com maiores detalhes no próximo capítulo).

Estágios Intermediários

No começo dos estágios intermediários de ensaio, você começa a determinar se e como gostaria de aplicar os Viewpoints às especificidades do texto (assumindo que haja um). Os exercícios em que o treinamento em Viewpoints é mais útil em termos de abordagem do texto, da personagem e do trabalho de cena serão explorados mais amplamente nos exercícios de Composição (capítulos 11 a 15) do que nos exercícios de Viewpoints. Mas aqui estão alguns exercícios gerais que podem ajudar a estabelecer uma ponte entre a qualidade aberta dos Viewpoints e a natureza concreta do texto.

A Peça

Você pode usar os Viewpoints com qualquer palavra ou diretriz como um estímulo – chamaremos isso de *semente*. A palavra ou frase que você lança para o grupo deve ser apenas um ponto inicial, de onde algo se desenvolverá.

Por exemplo, ao trabalhar com Tchékhov, você pode começar os Open Viewpoints com a semente de: "Rússia" ou "A Pequena Nobreza" ou "Memória" ou "Fazendo Teatro" ou "Paixão Muda".

Acrescente especificidades desejadas; por exemplo, um espaço limitado para trabalhar, uma dada circunstância ou especificações da personagem.

Personagens

EXERCÍCIO 1:
Open Viewpoints "na Personagem"

Inicie o Open Viewpoints. Proponha à companhia a ideia de personagem. Deixe "quem elas são" influenciar a continuidade do trabalho. Encoraje-os a deixar as coisas emergirem, mais do que *atuar* ou *ilustrar*. Eles não precisam andar ou comportar-se de maneira diferente, apenas atentar ao modo como a ideia de suas personagens poderia sutilmente mudar suas escolhas de andamento (essa pessoa se move rápido ou lentamente?), a relação delas com a arquitetura (a pessoa apega-se a paredes ou prospera no centro do espaço aberto?), e assim por diante. Mantendo a atenção nos Viewpoints individuais, continue trabalhando com os outros. Quando finalizar o trabalho dos Viewpoints, discuta quais relações emergiram *entre* as pessoas. Os participantes sentiram-se próximos a certos indivíduos ou afastados de outros? Foram zonas confortáveis ou zonas perigosas?

Para uma exploração ulterior, selecione um pequeno número de pessoas para fazer Open Viewpoints em personagens. Peça-lhes para escolher relações distintas ou acaloradas do Universo da Peça que vocês estão ensaiando: um grupo de quatro que possui laços de sangue, um casal que está se apaixonando, dois grupos em guerra um com o outro.

Repita isso, mas em uma dada ambientação. Você pode escolher o vão de uma porta ou uma escadaria, pode também optar por dar-lhes uma cadeira e um metro e meio de espaço de jogo.

Faça-o novamente (com as mesmas ou diferentes personagens), mas acrescente uma *situação* ou uma *circunstância*. Você pode estabelecer que é tarde numa noite fria de inverno, pode sugerir que todos eles queiram sair, mas apenas um deles possa.

EXERCÍCIO 2:
História de Vida Topográfica Para Personagem

Assim como cada indivíduo trabalhou para criar sua própria história de vida através da Topografia (ver capítulo 5, Exercício 6: Exercícios

Adicionais Para Focar nos Viewpoints Individuais), agora cada um faz o mesmo por uma personagem da peça (ou aquela que estava interpretando; é uma escolha do diretor). Dê-lhes de cinco a dez minutos para trabalhar e desenvolver sua sequência de padrões de chão. Cada indivíduo apresenta sua sequência de movimentos para o grupo.

EXERCÍCIO 3:
Elementos de um Retrato da Personagem, ou Hot Seat[1]
(Duas Partes)

É útil realizar esse exercício no início em vez de no final do processo de ensaio, o ideal é que seja antes ou justo quando os atores começarem a dar os primeiros passos. Para alguns, parecerá prematuro. Talvez insistam que ainda não sabem nada sobre quem são suas personagens e que fazer escolhas agora os limitaria mais tarde. É importante enfatizar para a companhia que você está pedindo propositadamente a eles para abordar o trabalho sob dois diferentes ângulos: 1. do intelecto, fazendo trabalhos textuais, discussões, lendo a peça em voz alta e 2. da intuição, sonhos e impressões. Faça-os saber que este é o momento em que devem tomar decisões imediatas e precipitadas, e que nada do que dizem hoje tem de ser verdade amanhã.

Esse exercício pode ser desenvolvido pelo diretor para incluir alguma, todas ou nenhuma das perguntas especificadas. Escolha o que for mais útil para sua peça em particular e sua companhia. E, se interessar, você pode mais tarde usar o que os atores conseguirem no trabalho de Composição, solicitando-lhes que combinem isso com os elementos separados que elaboraram no presente exercício, em uma Composição completa: uma Composição da personagem (ver capítulo 13, Exercício 4).

---

[1] A expressão, traduzida literalmente como "assento ou cadeira quente", não tem um termo similar em português, mas refere-se à situação de colocar alguém na berlinda e demandar respostas antes que a pessoa esteja pronta.

PARTE 1: ESCREVENDO

Reúna o grupo em círculo, cada um com um lápis e um bloco de notas. Peça-lhes que completem uma série de afirmações pessoais sobre sua personagem (exemplos de afirmações e respostas abaixo). Eles devem escrever a sentença inteira na medida em que você a enuncia e então completar a lacuna; quando lerem as respostas mais tarde, devem responder com a declaração completa exatamente como se fosse preenchido por eles. Dê-lhes menos tempo para cada questão do que você acha que precisam para responder de forma atenta; crie uma *Pressão Delicada*, reduzindo o tempo e aumentando a espontaneidade.

Como sua personagem, preencha estas afirmações:

> Meu nome é _____.
> Eu tenho _____ anos.
> Eu sou de _____.
> Minha profissão é _____.

Cinco fatos que eu sei do texto são:

> Eu sou um(a) estudante.
> Eu sou solteiro(a).
> Meu pai acabou de falecer.
> Eu faço longas caminhadas.
> Eu digo "Com licença" frequentemente.

Cinco coisas que eu sinto (mas que não são ditas no texto) são:

> Eu durmo mal à noite.
> Eu tenho medo de ficar sozinho(a).
> Eu rio com uma gargalhada alta.
> Minha cor favorita é azul.
> Eu sinto vergonha da minha altura.

Uma ação narrada que eu desempenho na cena é _____.
Uma fala narrada que eu falo é _____.
Meu maior medo é _____.
Meu maior desejo é _____.
Hábitos estranhos que eu tenho são _____.
Meus gostos incluem _____.
Minhas aversões incluem _____.

PARTE 2: MOVIMENTAÇÃO

Depois de terminar as questões acima, e antes de lê-las em voz alta, peça à companhia para trabalhar em pé. Exponha aos participantes a seguinte lista de movimentos necessários, que devem ser gerados por eles, e conceda de cinco a dez minutos para prepararem:

- uma ação com Andamento que expresse a personagem;
- uma ação com Duração que expresse a personagem;
- um padrão de chão que expresse a personagem;
- três Gestos Comportamentais que são particulares à personalidade ou à cultura, ao tempo ou lugar da personagem;
- dois Gestos Expressivos que expressem a essência da personagem, uma força propulsora ou um conflito interno;
- um andar através da sala com escolhas ousadas com respeito ao Andamento, Forma e Topografia.

Reúna o grupo novamente, sentado como numa plateia. Peça a um indivíduo por vez para se levantar, colocar-se em *hot seat* e compartilhar suas declarações e movimentos, exatamente na forma e com as palavras exatas que você pediu. Por exemplo, o indivíduo deveria dizer "Meu nome é Blanche Dubois", então vai declarar a idade dela etc., terminando com (com um exemplo completo), "Minhas aversões incluem abajur sem cúpula etc." Quando cada participante for executar seu movimento, deve declarar o nome; por exemplo, deve anunciar "Andamento", e então realizar a ação, depois "Duração" etc., estando certo de que há um começo e um final claros em cada ação, retornando à neutralidade entre cada movimento.

Alternativa: permita que os membros do elenco trabalhem e apresentem uma personagem que outra pessoa esteja interpretando, em vez da personagem que eles foram escalados para atuar.

Trabalho de Cena

EXERCÍCIO 1:
Viewpoints e Texto

Parceiros de cena fazem os Viewpoints um com o outro. Eles podem trabalhar com ou sem texto. O foco principal está nos Viewpoints individuais com o texto pairando em cima do movimento. "Sem atuação, por favor" é o operativo aqui, até que o movimento orgânica e inevitavelmente comece a informar a ação e a induzir escolhas emocionais (ver mais no capítulo 9, Exercício 1: Falando a Partir da Posição do *Sats*, p. 140).

EXERCÍCIO 2:
Encenação Expressiva

Divida a companhia em grupos de parceiros de cena, de acordo com quem contracena com quem no texto. Um grupo pode acabar tendo duas pessoas ou vinte. Cada grupo deve criar uma sequência de movimentos que expresse uma das três condições abaixo:

1. a essência da relação entre eles;
2. a essência da relação deles com o espaço;
3. os blocos de ação numa cena particular.

Para tanto, divida a cena em três a cinco partes e dê a cada parte um título, como se fosse um capítulo de um livro. Crie movimentos que expressem a essência do título para cada divisão. Por exemplo:

"A Chegada", "Gato e Rato", "A Luta Começa", e "Ficando Sozinho" podem ser os títulos do capítulo de uma determinada cena. O movimento não deve ser ilustrativo e nem amarrado pelos detalhes da cena. O objetivo dos títulos é traduzir a ação da cena em ideias mais amplas, mais esquemáticas ou iconográficas.

A sequência de ações deve usar todos os Viewpoints individuais, e deve consistir em cinco a dez movimentos (você pode atribuir qualquer número). Cada grupo deve refinar e repetir sua sequência até que esteja pronta. O movimento deve ser Expressivo mais do que Descritivo.

Em seguida, um grupo executa sua sequência de movimentos para os outros grupos. Nesse ponto, baseado em cuidadosas observações sobre o ponto em que o grupo se encontra e o que seria de maior ajuda, escolha uma das seguintes quatro opções:

1. O grupo repete a forma do movimento, mas joga com diferentes Andamentos e Durações, com extrema atenção à Resposta Cinestésica (a mudança de *timing* não mudará *o que* é executado, mas *como* isso é desempenhado; veja o exercício de Pinter no capítulo 9).

2. O grupo repete o movimento enquanto adiciona o texto. O texto deve *pairar* sobre o movimento, em vez de forçá-lo a se tornar algo novo. Preste atenção em como o significado das falas e da atuação muda pela ação física com a qual está coligada. Isso fornece uma explosão imediata de expectativas ao redor de uma cena. Quando você trabalha no movimento não ilustrativo completamente separado do texto e depois junta o movimento e o texto, as possibilidades da cena se expandem.

3. O grupo incorpora o texto com seus movimentos, como foi dito acima, e depois continua o restante da cena usando Open Viewpoints.

4. Sem nenhum texto a princípio, o grupo começa a sua sequência de movimentos e efetua uma transição fluida para trabalhar uns com os outros usando Viewpoints até que cheguem ao final da sua sequência. Enquanto trabalham, em qualquer momento,

quando você sentir que eles estão completamente conectados e escutando uns aos outros corporalmente, adicione o texto e então comece a cena, sem diminuir a atenção ao Viewpoints.

Mantenha cada grupo trabalhando dessa maneira, sob sua orientação. Quando todos os grupos terminarem, discuta com eles o que emergiu como possibilidade para a sua produção teatral.

Encenando

O treinamento em Viewpoints pode ser usado para criar a encenação (colocar em blocos) para uma produção. Para ambos, ator e diretor, os Viewpoints são um caminho para escolhas inesperadas não ditadas pelo texto, psicologia ou intenção. Isso não significa que os Viewpoints sejam incompatíveis com outras abordagens da atuação, mas apenas que providenciam uma alternativa e um complemento. Por exemplo, uma das aplicações mais compensadoras do treinamento em Viewpoints para Tina Landau tem sido no programa de verão do Steppenwolf, em Chicago, onde uma sessão diária de três horas de Viewpoints é seguida de uma aula de técnica Meisner ensinada por um dos membros do Ensemble Steppenwolf, Amy Morton. Ainda que os meios sejam diferentes, nós descobrimos que os fins de ambas as técnicas são basicamente os mesmos: estar no momento, escutar, responder ao que seu parceiro te dá.

Um lembrete: os Viewpoints não implicam um estilo. O trabalho produzido pelos Viewpoints pode ser altamente formal e coreográfico ou altamente naturalista e comportamental. Em um extremo, você pode usar os Viewpoints a fim de encontrar o movimento que você então põe em cena, independentemente de um texto (como mencionado acima). O texto é conjugado ao movimento estabelecido para criar tensão e justaposição. O texto e o movimento tornam-se altamente legíveis por meio da *diferença* de cada um. Em outro extremo, você pode simplesmente ensaiar uma cena mantendo a atenção aos Viewpoints individuais. Pessoas falam, sentam, tomam café, jogam baralho etc., enquanto se preocupam com a Relação Espacial... enquanto mantêm um senso de Duração... enquanto usam a Arquitetura...

É claro que os diretores constantemente fazem escolhas, conscientes ou não, envolvendo os Viewpoints, no seu modo de estruturar a montagem que utiliza Arquitetura e Topografia (para mais reflexões sobre Viewpoints e Direção, ver capítulo 17, p. 229). Se você estiver dirigindo, pergunte a si mesmo: O que é o encenar nessa peça? É esse o modo como observamos as pessoas na *vida real*? Estou encenando uma réplica, um documentário, um comentário? Isso é o sonho de alguém, uma alucinação, uma fantasia? É uma expressão de um sentimento de uma personagem? Ou uma memória de um ponto de vista particular? É uma agressão verbal ou uma argumentação?

Peça para os participantes criarem movimentos usando Viewpoints que cumpram todos ou alguns dos quesitos abaixo:

- recriar comportamento;
- expressar relacionamento;
- expor subtexto;
- intensificar conflitos;
- operar a partir de um ponto vista de uma personagem.

Diferentes aspectos da peça serão revelados pela "encenação" a partir de diferentes pontos de vista. Inevitavelmente, emergirão numerosas possibilidades. Pense em todo o movimento que é criado aqui como sendo de propriedade comum. A companhia estará criando coletivamente tantas opções e abordagens quanto possível. O movimento que elas geram é seu, para editar, formatar ou usar em outra sessão.

Para Ensaios Ulteriores

Depois de uma cena ser inteiramente ensaiada e encenada, peça para os participantes fazerem a cena enquanto prestam atenção redobrada aos Viewpoints individuais. Eles devem deter-se em coisas às quais estavam anteriormente desatentos: pequenas batidas, movimentos, respirações, viradas de cabeça. Convide-os a efetuar ajustes e mudanças dentro da cena, em resposta à nova informação que estão percebendo.

Ou, se você quiser trabalhar uma dada sessão ou se estiver empacado, comece a usar os Viewpoints. Pare o que está sendo feito pela companhia quando alguma coisa útil ocorrer. Peça-lhes para repetir e refinar. Então vá para o próximo fragmento de material. Desse modo você também pode fazer modelos de materiais que mais tarde poderão ser cortados e colados de outras maneiras.

Viewpoints na Performance

Nenhuma de nós duas já fez, algum dia, uma produção que consistisse inteiramente em Open *e não planejados* Viewpoints. Esse trabalho estaria o mais próximo do que chamamos de Improvisação.

Em nossa experiência, o treinamento em Viewpoints tem sido de um valor inestimável para manter o frescor das apresentações nas longas turnês. Os Viewpoints demandam aos atores que permaneçam constantemente acordados. Embora a forma seja mais ou menos repetida noite após noite, o "como ela é preenchida" certamente muda e, ainda o que é importante, o que é dado aos atores por seus parceiros nunca é o mesmo. Os Viewpoints treinam os atores a permanecer alertas às mudanças mais sutis de seus participantes.

Quantas histórias há de atores que, só ao saírem da cena, ficam sabendo a respeito de um acidente que ocorreu no fundo do palco bem atrás deles... ou talvez que não ouviram a sirene do lado de fora... ou, o que talvez seja pior, que estavam prestando tanta atenção na sirene do lado de fora que não perceberam o ajuste do parceiro de cena... ou dos atores que dizem suas falas exatamente do mesmo jeito, noite após noite, enquanto o mundo se deslocava sismicamente à sua volta – esses são os milagres e as armadilhas de estar no palco sem estar atento.

11.
Introduzindo
a Composição

A Composição é uma extensão natural do treinamento em Viewpoints. É o ato de escrever como um grupo, no tempo e espaço, usando a linguagem do teatro. Os participantes criam pequenas peças reunindo o material bruto em uma forma repetível, teatral, comunicativa e dramática. O processo de criar Composições é colaborativo por natureza: em um curto espaço de tempo os participantes chegam a soluções para certas tarefas delineadas. Tais soluções, organizadas e apresentadas como um bloco, são o que constitui a Composição. O processo criativo demanda cooperação e decisões rápidas e intuitivas. É possível usar os princípios dos Viewpoints Físico e Vocal enquanto se constroem essas Composições.

As Composições podem ser centradas em peças particulares ou podem ser usadas para gerar trabalhos originais baseados em um tema, ideia ou intuição. O trabalho de Composição funciona tal como o esboçar para um pintor: as Composições, criadas a partir de ideias esboçadas em tempo e espaço introduzem noções que podem ser usadas numa determinada produção.

Pressão Delicada[1]
e Tempo Subjetivo

A chave para o trabalho de Composição é fazer muito em pouco tempo. Quando não nos é dado tempo para pensar ou falar demais (porque alguém estabeleceu um limite de tempo), com frequência emergem trabalhos maravilhosos; o que vem à tona não provém da análise de ideias, mas de nossos impulsos, nossos sonhos, nossas emoções. Todos os tipos de pressão afetam o processo de ensaio de uma produção: a noite de estreia, os críticos, os amigos, a família etc. Essas pressões raramente são libertadoras ou construtivas. A Pressão Delicada vem de um ambiente em que os participantes se apoiam de um modo que os habilita a mais, e não menos, criatividade. A Pressão Delicada procede de uma atitude de necessidade e respeito pelas pessoas com as quais você está trabalhando, pelo espaço de tempo que você dispõe, pela sala onde você trabalha, pelo que você faz com tudo isso.

Quando uma tarefa de Composição é dada aos grupos, é sempre importante lembrá-los que não devem passar o seu tempo sentados, discutindo ou planejando. Desde o início, devem pôr-se em pé e começar a agir. Todas as vezes que os grupos estiverem dispersos e trabalhando em suas próprias tarefas, você sempre poderá dizer onde se acham·as pessoas empacadas – invariavelmente, elas estão sentadas em círculo, olhando para a sua folha de papel, todas falando ao mesmo tempo ou ninguém falando nada, como se tentassem "ter ideias". Você sempre pode apontar o grupo em que os "sucos" estam fluindo: eles parecem crianças no parquinho. Normalmente estão de um lado para o outro, correndo por aí com uma pessoa gritando: "Vou pegar a vassoura!" Ou alguém pulando e dizendo:

---

[1] De acordo com as autoras, o original *exquisite pressure* denota uma "intensidade com beleza" por meio de uma expressão com duas palavras que revelam contrastes. Ao lidar com o coletivo, o refinamento ou a delicadeza na atitude de pressão pode suscitar uma energia diferenciada no processo criativo emergente da prática dos Viewpoints. Assim, optamos por manter a tradução "pressão delicada".

"Oooh ooh, ooh, já sei! Já sei!" Ou duas pessoas conversando muito entre si: "Sim!" e "E se..."

Quais são as condições necessárias para criar Pressão Delicada para seu grupo? Dê-lhes tempo suficiente na tarefa da Composição destinada a criar algo que eles possam reconhecer e repetir (não é, pois, somente improvisação e acaso), mas não um tempo tão longo que eles possam parar para pensar ou julgar, sequer por um instante. Algumas vezes é útil dizer: "Vocês têm vinte minutos – vão!" E então espere acontecer. Veja como os grupos estão evoluindo. Eles nunca saberão que o seu relógio corre em *tempo subjetivo*. Se parecer que eles estão próximos à finalização, dê-lhes um aviso de "um minuto". Empurre-os. Se os vinte minutos na realidade já passaram e eles continuarem envolvidos em algo, e necessitarem mais tempo, dê-lhes "outros cinco" etc. Preste atenção e mantenha a pressão sobre eles.

A Pressão Delicada também é criada justamente pela quantidade certa de ingredientes para a tarefa (nem muito nem pouco), designando o número adequado de pessoas em cada grupo e determinando a complexidade da tarefa. Devem existir muitos níveis de dificuldades com os quais você inicia o processo e pode graduar. Mas, em todos os casos, o desafio tem que ser grande o suficiente, os riscos altos o suficiente, para o grupo entrar em um estado de jogo espontâneo.

Ao determinar como criar uma tarefa de Composição bem-sucedida, como ajustar o nível etc., considere: números; líder *versus* coletivo; ingredientes; complexidade; e tempo de preparação.

Números

O número de pessoas em cada grupo. No começo, é útil iniciar o trabalho de Composição com três a cinco pessoas num grupo, e fazê-lo crescer a partir daí. (Uma vez, quando Tina estava finalizando um programa de três semanas no Steppenwolf, ela deu uma tarefa de Composição ao grupo inteiro, formado por 25 indivíduos trabalhando juntos.)

Líder *Versus* Coletivo.
Incluindo: "Sim, e..."

Queira ou não há um líder ou diretor eleito em cada grupo. No trabalho de Composição inicial, é mais indicado não ter uma pessoa em uma posição mais dominante que a dos outros. Uma das dádivas da Composição é a forma como ela nos convida a nos tornarmos autênticos colaboradores, a trabalhar com um espírito de generosidade. Se um grupo está trabalhando junto, escutando um ao outro, não se preocupando com poder e controle, o trabalho é geralmente fantástico. Quando um grupo começa avaliando e argumentando, o trabalho emperra. A capacidade de estar aberto a qualquer coisa que é oferecida pelos outros é chamada de: "Sim, e..." Encorage cada membro do grupo a dizer "Sim, e..." em oposição a: "Não, mas..." Quando alguém oferece uma sugestão, procure pelo que pode ser útil nela e construa com isso (Sim, e...), em vez de se estressar com o que não funciona e o que poderia ser feito no lugar disso (Não, mas...). Diga: "Vamos tentar".

Surge um ponto no trabalho de Composição em que é valioso ter pessoas liderando as Composições. Quando for o momento certo, permita a um indivíduo que apresente seu trabalho pessoal e único para o mundo – isso é Pressão Delicada. A Pressão Delicada demanda que alguém se revele como artista, que defenda o que faz, e aprenda a partir do que vê.

Quando há um diretor numa Composição, os indivíduos têm menos tempo para praticar seu "Sim, e..." Eles não são convidados tão prontamente a contribuir. Entretanto, há uma pessoa que pode praticar o "Sim, e..." nessa situação – o diretor. Pratique perguntando, determine certas coisas sobre a sua Composição e deixe outras coisas em aberto, peça que façam contribuições e, o mais importante, esteja aberto aos outros, quando eles oferecem sua parte, mesmo sem serem solicitados.

Ingredientes

OS ELEMENTOS QUE VOCÊ SELECIONA PARA INCLUIR EM QUALQUER TAREFA DE COMPOSIÇÃO E A PARTIR DOS QUAIS O TRABALHO SERÁ COMPOSTO. Isso pode incluir objetos, sons, ações físicas, texto, convenções teatrais etc. O tipo certo de Pressão Delicada é criado pelo número de ingredientes que você decide incluir na peça e por quão difícil eles são de serem encontrados, feitos ou incluídos.

Complexidade

EXPRESSA NA ESTRUTURA E NA EXTENSÃO. Uma tarefa complexa, em oposição a uma simples, reforça a Pressão Delicada. A Composição que inclui três ações e é concebida para ter um minuto de duração é obviamente mais confortável do que uma peça composta de dez minutos de cinco diferentes seções, cada uma com um conflito e resolução. Inicie devagar o suficiente para levar seu grupo ao fervor. A medida que você avança no trabalho de Composição, aumente o vigor, de tal modo que o seu grupo não se acomode.

Tempo de Preparação

A QUANTIDADE CERTA DE TEMPO. Determine se a tarefa vai ser realizada no momento ou mais adiante e peça ao grupo para executá-la. Quando você designa um diretor para liderar a Composição, em geral é mais útil confiar-lhe antes a tarefa. Isso permite a ele determinar o quanto irá entrar no trabalho planejado e o quanto criará no momento com o grupo. Se você planejar ou criar no momento, nunca conceda tanto tempo que a Pressão Delicada esvazie.

TAREFA DE COMPOSIÇÃO 1:
Dando Começo e Introduzindo Montagem

Montagem é uma forma de dispor imagens juntas que incorporam justaposição, contraste, ritmo e história. Ela cria uma linha conectante do todo pela junção, acúmulo e sobreposição de diferentes materiais coletados em diversas fontes.

A montagem originou-se na gênese do filme. Nos primórdios do cinema, uma câmera pesada era instalada e permanecia estática a fim de gravar certos eventos. Por exemplo, um melodrama era representado diante da câmera, ou um incêndio extinguido por caminhões e bombeiros era filmado a partir de um único ponto fixo. A câmera não se movia.

Foi o cineasta pioneiro D.W. Griffith quem primeiro sugeriu, para a surpresa do seu *cameraman* Billy Bitzer, que a câmera fosse movida para um ponto mais próximo da ação. Esse chocante e inovador movimento de câmera deu origem não só ao *plano fechado*, mas também à *edição* e ao *ponto de vista*. Uma sequência mostrando um bombeiro trabalhando justaposta ao plano fechado de uma mulher olhando as ações, permitia à audiência ver o fogo pelos olhos da mulher. O movimento de câmera criou a necessidade da edição. A câmera se tornou um instrumento altamente articulado e subjetivo e não mais um simples equipamento de gravação.

O cineasta russo Sergei Eisenstein refinou a edição e a montagem, convertendo-as em arte pela ênfase no ritmo e no contraste. Uma série de cenas editadas (montagem) poderia incorporar e justapor *close-ups*, panorâmicas e planos abertos e contar a história de uma forma inteiramente nova, expressando um ponto de vista subjetivo. Uma sequência composta de uma série de dissoluções, superposições ou cortes que podem condensar o tempo ou sugerir memórias ou alucinações. O impacto da história sobre o ponto de vista de alguém depende de como cenas díspares são conjuntadas. Esse "colocar junto" é o que constitui a montagem. No filme, a montagem se tornou o método principal de contar uma história e se mantém assim até hoje.

O teatro pode usar essas técnicas, substituindo o movimento físico da câmera e da edição. Como você pode criar sem o uso da câmera um primeiríssimo plano ou uma panorâmica ou um corte sem quebra de eixo? Como juntar diferentes materiais em um todo usando as técnicas de montagem? (Para melhor explorar o assunto, ver o capítulo 16, Composição e Artes Relacionadas).

1. Divida os participantes em grupos de três. Em cada grupo, decida quem será 1, 2 e 3. Cada participante terá quinze minutos para dirigir os outros dois membros do grupo numa pequena Composição baseada na noção de montagem.

2. Inicie a tarefa definindo o que é montagem e introduza sua história e utilização no cinema.

3. Decida em que espaço a Composição terá lugar. Tendo em vista que haverá muitas pessoas dirigindo e muitas Composições, é melhor determinar duas áreas distintas: uma para o palco e uma para a plateia. Idealmente a área escolhida para ser o palco deve oferecer alguma arquitetura interessante, tal como portas ou janelas ou um balcão.

4. Cada participante escolhe uma história pessoal ou episódio de amor e perda que ainda conserve uma forte relevância pessoal. A tarefa desse exercício de Composição é encenar a expressão dessa história ou episódio em forma de uma montagem em cinco partes, dentro dos seguintes limites:

Passo 1: dez minutos para todos observarem cuidadosamente o palco a fim de esboçarem em forma de *storyboard* num caderno algumas ideias sobre sua Composição. É importante que cada pessoa dê algum tempo para que a arquitetura influencie as sua escolhas, deixando a sala "falar" e sugerir ideias sobre como ela quer ser usada e como pode relatar esse acontecimento.
Passo 2: quinze minutos para o diretor 1 encenar a Composição.
Passo 3: quinze minutos para o diretor 2 encenar a Composição.
Passo 4: quinze minutos para o diretor 3 encenar a Composição.

A estrutura. Cinco tomadas, cada uma com o máximo de quinze segundos de duração, separadas por blecautes, durante o tempo em que a audiência fecha os olhos. O diretor pode dizer, por exemplo, "apagar a luz", e a plateia fechará os olhos, e "acender a luz", e a plateia abrirá os olhos.

É possível incorporar o mínimo de adereços ou móveis na Composição de montagem, mas somente quando for necessário para expressar algo particular. Também é possível utilizar sons ou texto, porém moderadamente e com exatidão, de um modo improvisado. Todo movimento, todo objeto e todo som devem ser eloquentes.

As instruções seguintes podem ajudar cada diretor a criar a sua Composição de montagem:

- Dentro dos quinze minutos de ensaio, tente coreografar os eventos meticulosamente, com grande atenção ao detalhe.
- Trabalhe fisicamente. Não perca tempo descrevendo a psicologia ou o significado do evento aos atores. Ao contrário, fale com brevidade e dê instruções físicas, tais como: "Entre pela porta rapidamente, dê cinco passos, olhe para a direita, expire, olhe para trás lentamente enquanto esboça a palavra 'Fogo!' num sussurro." Dirija a partir de um ponto de vista físico mais do que psicológico.
- Use os quinze minutos para encenar uma *Expressão* do evento mais do que uma *Descrição* dele. *Descrever* um evento é encenar uma réplica dele da forma mais objetiva possível. *Expressar* um evento é encenar como este o impactou, o que você sentiu através de uma lente subjetiva. (Veja, mais adiante, Encenação Descritiva *versus* Encenação Expressiva.)
- Uma vez dadas as instruções, olhe cuidadosamente o que os atores estão fazendo com isso e faça ajustes baseados no que você observa acerca de suas contribuições. Como pode você, o líder, utilizar mais efetivamente a fisicalidade específica e as idiossincrasias dos atores?
- Mantenha as coisas em movimento. Trabalhe intuitivamente. Concentre-se nos detalhes. Trabalhe com *exatidão*. Faça com que isso seja importante lá *onde* as coisas acontecem e *quando* elas acontecem.

5. Uma vez que os três diretores de cada grupo tenham tido seus quinze minutos para encenar as suas Composições, é tempo de executá-las para a plateia (os outros grupos). Antes dessas apresentações começarem, reserve um momento para adicionar novas instruções aos atores (que, nesse caso, inclui todos) assim como aos diretores (também inclui todos).

Aos Atores:

- Agora que as decisões sobre uma série de ações foram acordadas no ensaio, a performance desses acordos não é somente a respeito de sua execução propriamente dita. A performance é somente a possibilidade de que alguma coisa poderia acontecer, um encontro, um compromisso humano real. Usem o treinamento em Viewpoints dentro desse material coreografado e definido, para permanecerem engajados cinestesicamente e atentos, ao modo como vocês estão manejando o tempo juntos. Como a plateia influencia a utilização do tempo? Tentem desacelerá-lo e encontrar uns aos outros no palco, em frente à plateia.

- Tenha cuidado com o *jo-ha-kyu*. Para dizê-lo de forma simples, o *jo-ha-kyu* é o início, meio e fim. É a jornada rítmica de um gesto, uma interação, uma história ou um evento. (Veja a descrição na página 175) "Cuidar do *jo-ha-kyu*" significa que os atores zelam pelo percurso que moldaram para eles mesmos e para a plateia.

- Determine o "fechamento da cortina" no final das Composições dos seus três grupos.

Para os diretores:

- O diretor tem dois coletivos: os atores e a plateia. O trabalho de Composição é uma oportunidade de praticar essa dupla responsabilidade. Cuide da plateia. Não assuma que ela sabe o que fazer, quando fechar seus olhos ou o que irá acontecer.

- Cuide do *jo-ha-kyu* da plateia (veja acima). Seja sensível ao humor e à energia da plateia. Ela está cansada? Ela necessita de uma pausa para o "apaga a luz/acende a luz"? Há alguma maneira de você ajudar nessa situação?

- Responsabilize-se pelo tempo e duração na experiência da plateia durante a Composição. Tenha certeza de que os blecautes não sejam longos demais. É vital para o diretor desenvolver uma percepção acerca da experiência de tempo da plateia.
- Cuide da segurança e do bem-estar dos atores.

O trabalho de Composição é uma oportunidade para os diretores praticarem a sua relação com a plateia. A plateia sempre pode sentir a atitude do diretor em direção e em relação a ela, ainda que ele não esteja presente na performance. Os espectadores podem perceber a preocupação, a generosidade, o descuido ou a consideração do diretor. Use os exercícios de Composição para considerar a experiência da plateia, tomar conta dela e lhe proporcionar um ponto de acesso para entrar em seu trabalho. Seja sensível com sua atenção.

Encenação Descritiva
Versus Expressiva

Ao pôr em cena uma Composição, é possível encená-la descritiva ou expressivamente. A Descritiva repete essencialmente a realidade física e vocal do evento que está *descrito*. Por exemplo, se você tem de encenar a noite em que o seu grande amor o deixou, você pode tentar encenar literalmente o que aconteceu (Descritivo) ou você pode encenar a sensação disso (Expressivo). Você pode representar um homem fazendo as malas e dizendo adeus a uma mulher sentada a uma mesa (Descritivo), ou você pode encenar um homem e uma mulher se afastando lentamente de costas um para o outro (Expressivo).

O escultor Constantin Brancusi descreveu sua tentativa de obter, em sua arte, uma qualidade Expressiva em vez de Descritiva, perguntando:

Quando você vê um peixe, não pensa em suas escamas, não é? Você pensa em sua velocidade, na flutuação, num lampejo de corpo visto na água. Bem, eu tentei expressar justamente isso. Se eu fizesse barbatanas, olhos e escamas, eu deteria o movimento do peixe e prenderia você por um padrão, ou uma forma da realidade. Eu quero apenas o lampejo de seu espírito.

Jo-Ha-Kyu

A *performance é um fluxo, tem uma curva de ascensão e de queda.* [Peter Brook]

Zeami, o fundador japonês do teatro nô no século XV, escreveu doze tratados para o teatro, um relato espantoso de suas descobertas sobre atuação e teatro que continuam relevantes e aplicáveis ainda hoje (ver a Bibliografia). Um dos blocos fundamentais de construção do pensamento de Zeami, *jo-ha-kyu* tem uma particular significação para os Viewpoints e a Composição.

Jo-ha-kyu é essencialmente um padrão rítmico. *Jo-ha-kyu* pode ser traduzido simplesmente como "início, meio e fim". Mas, de fato, o sentido é muito mais complexo e proveitoso, se você olhar mais fundo:

Jo = Introdução
Ha = Exposição
Kyu = Desenlace

Ou:

Jo = Resistência
Ha = Ruptura
Kyu = Aceleração

Ou:

Jo = Salto
Ha = Pulo
Kyu = Transposição[2]

2 No original, Jo [*hop*], Ha [*skip*] e Kyu [*jump*].

As performances do teatro nô, normalmente apresentadas no curso de uma longa noite, eram compostas por três peças diferentes: uma peça nô (*jo*), um *kyogen* ou comédia (*ha*) e outra peça, séria, nô (*kyu*). Zeami sugere que é responsabilidade dos artistas de teatro observar a experiência ou jornada da plateia no transcorrer de toda a noite. A jornada é dividida em *jo-ha-kyu*:

Jo = Introdução
Ha = Parada
Kyu = Rapidez (um aumento gradual de ritmo lento para rápido).

A primeira peça, *jo*, aquece a plateia para a noite. *Ha* quebra o ânimo do *jo* e por isso, no nô, a seção de *ha* é a peça da comédia, ou *kyogen*. O *kyu*, a outra peça do nô, acelera em direção ao final. Essas três seções movem-se em um ritmo sempre crescente e formam os fundamentos dramáticos, rítmicos e melódicos do nô.

Toda noite de teatro tem um *jo-ha-kyu*. Mas então a teoria se torna ainda mais interessante:

Uma noite tem *jo-ha-kyu*
Um espetáculo tem *jo-ha-kyu*
Um ato de um espetáculo tem *jo-ha-kyu*
Uma cena tem *jo-ha-kyu*
Uma interação tem *jo-ha-kyu*
Uma ação tem *jo-ha-kyu*
Um gesto tem *jo-ha-kyu*

De acordo com Zeami, todo *kyu* (final) contém o próximo *jo* (início); todo final de um gesto contém o início do próximo gesto.

Uma vez que você começa a reconhecer e a experienciar o *jo-ha-kyu* em ação, você é imediatamente responsável por ele. Ele pode ser uma ferramenta útil na organização da energia e no fluxo da ação no palco:

Jo = Comece de uma maneira tranquila
Ha = Desenvolva dramaticamente
Kyu = Termine rapidamente

Uma produção bem-sucedida é uma grande jornada, que puxa a plateia como um imã. A experiência faz você ir longe, através de trilhas e caminhos acidentados de montanha até súbitas clareiras e vales. Há momentos para respirar e outros momentos de tensão ou agitação dramática. Há contração e expansão. Escute o final de uma sinfonia de Mahler. Ouça como os finais desaceleram e aceleram simultaneamente. Mahler era um mestre em *kyu* em cada peça musical que compôs:

Jo = a fase inicial, quando a força é posta em movimento como se estivesse ultrapassando uma resistência;

Ha = a fase de transição, ruptura da resistência, aumento do movimento;

Kyu = a fase rápida, um crescendo desenfreado, finalizando numa súbita parada.

A oposição entre uma força que tende a crescer e outra força que retém determina a primeira fase: *jo* (manter). *Ha* (romper) acontece no momento em que algo é liberto da força retentora, e se desenvolve até a chegada da terceira fase, *kyu*. No *kyu* (acelerar), o clímax da ação com toda a sua força, então, subitamente se detém, como se se deparasse com uma resistência quando um novo *jo* está pronto para começar de novo.

Zeami também discorre sobre a responsabilidade dos atores para com a audiência no *jo-ha-kyu*. Se alguém chega atrasado no meio da sessão *jo* da peça, escreve Zeami, o ator é responsável por conduzir o retardatário por meio do *jo* e para dentro do *ha* com o restante da plateia. Quão diferente é essa noção de nossa separação da audiência no teatro americano! Um olhar sobre os escritos de Zeami só pode nos desafiar a fazer um teatro mais vital.

TAREFA DE COMPOSIÇÃO 2:
Contando uma História Com Objetos e Relações Espaciais

1. Cada participante dirige uma Composição própria usando objetos como atores.

2. O palco é o tampo de uma mesa.

3. Conte uma história em cinco *tableaux*, quadros divididos por blecautes, na superfície da mesa, usando somente objetos. A história pode ser expressa pela colocação dos objetos, pela distância

entre um e outro e pelo que acontece com eles simplesmente no desenvolvimento da Relação Espacial nos cinco *tableaux*.

4. Reserve quinze minutos para a preparação dessa Composição.

Nesse exercício, pense no tampo da mesa como o mundo inteiro. Introduzir qualquer objeto na mesa cria uma situação dramática.

TAREFA DE COMPOSIÇÃO 3:
Perda/Reencontro

1. Divida os participantes em grupos de quatro a sete pessoas. Escolha nomear ou não um diretor em cada grupo.

2. Os grupos trabalham em locais específicos, procurando fora do espaço normal de ensaio novas locações onde possam encenar e apresentar suas peças.

3. Os blecautes não são permitidos.

4. A Composição deve durar, no máximo, oito minutos e ser construída com a seguinte estrutura: (Parte 1) O Encontro; (Parte 2) Algo Acontece; (Parte 3) Perda; (Parte 4) O Reencontro.

5. Os ingredientes a seguir precisam ser incluídos (em qualquer ordem) nessa Composição:

    - revelação de Espaço;
    - revelação de Objeto;
    - revelação de Personagem;
    - um momento sustentado em que todos olham para cima;
    - um elemento (ar, água, fogo, terra) usado em excesso;
    - uma referência a uma pintura famosa;
    - uma entrada inesperada;
    - um beijo sustentado;
    - quebra de expectativas;
    - um gesto repetido quinze vezes;
    - um acidente encenado;
    - vinte segundos consecutivos de imobilidade;
    - quinze segundos consecutivos de conversa muito rápida;

- quinze segundos consecutivos de ação uníssona;
- quinze segundos consecutivos de risada sustentada;
- sons (outros além dos vocais) usados de três maneiras contrastantes, por exemplo: música gravada, percussão ao vivo e efeitos sonoros naturalistas;
- algo cantado;
- algo muito barulhento;
- seis linhas de texto (o instrutor pode escolhê-lo de qualquer texto-fonte e determinar as mesmas linhas para todos os grupos; mais tarde, com o trabalho de Composição se tornando mais complexo, você pode colocar quanto texto a mais você quiser).

Essa Composição pode, inicialmente, parecer um amontoado de elementos, mas irá introduzir de forma excitante as bases da gramática teatral. Muitos dos elementos são antigos. "Revelações de Espaço", por exemplo, ocorrem sempre quando uma cortina é aberta. "Quebra de Expectativas" é encontrada em toda grande história. E assim por diante.

Inicialmente é útil trabalhar com *site-specific* (especificidade de lugar), na criação de Composições. Isso significa escolher um lugar fora da estrutura teatral tradicional, como em um dos lados de um edifício, em um campo ou escadaria. O processo de trabalhar com *site-specific* desenvolve uma consciência sobre as possibilidades espaciais e arquitetônicas, as quais podem ser trazidas de volta pelo criador em um espaço teatral convencional.

Pense em uma arquitetura encontrada como um verdadeiro *set design*, um cenário que talvez pudesse ser altamente dispendioso, talvez impossível, de ser construído num teatro. Pelo trabalho com esses espaços, os participantes aprendem a sonhar mais audaciosamente e a incorporar os detalhes de um espaço encontrado para auxiliar as suas histórias.

12.
A Composição Direcionada à Realização de um Trabalho Original

> *Há um grande apetite para trabalhar,*
> *e então meu caderno de anotações*
> *me serve como um livro de receitas*
> *quando estou com fome.*
> *Eu o abro e mesmo o menor*
> *dos meus rascunhos oferece-me*
> *material para trabalhar.*
> GEORGES BRAQUE

Exercícios de Composição são especialmente úteis na criação de um trabalho original. O tempo reservado para gerar Composições propicia a oportunidade de esboçar ideias no tempo e no espaço, olhar para elas, responder-lhes e criticá-las e refinar ou definir novas direções. Via de regra, alguns dos materiais gerados na frase composicional poderão ser usados diretamente em uma produção.

Os passos seguintes pretendem sugerir um caminho para se começar a criar um novo trabalho que utilize a Composição como auxílio à investigação de um tema e geração de material novo.

PASSO 1:

Os Blocos de Construção Básicos Para um Trabalho Concebido[1]

Na criação de um trabalho original, é útil para o processo estar fundamentado em três componentes básicos sobre os quais a produção pode ser construída.

- A *questão*
- A *âncora*
- A *estrutura*

A *questão* (ou tema) motiva todo o processo. Essa força motora central deve ser bastante grande, bastante interessante e relevante para ser atrativa e contagiante para muitas pessoas. A questão emerge de um interesse pessoal e depois deve espalhar-se como um vírus e contaminar as outras pessoas que tiverem contato com ela.

A *âncora* é a pessoa (ou evento) que pode servir como veículo para se chegar à *questão*.

A *estrutura* é o esqueleto sobre o qual o evento se sustenta. É uma forma de organizar tempo, informação, texto e imagem.

Eis alguns exemplos desses três blocos de construção utilizados em produções originais por Anne e Tina:

1. *Culture of Desire* (uma peça ideada pela SITI Company sobre o consumismo)
   - A *questão*: Quem estamos nos tornando à luz do persuasivo e desenfreado consumismo que permeia todo e qualquer gesto nosso até o fim da vida?
   - A *âncora*: Andy Warhol
   - A *estrutura*: O *Inferno* de Dante

[1] Do original *devised work*. Termo utilizado para o trabalho colaborativo concebido por um grupo ao longo de um processo a partir de materiais e experiências do próprio grupo, sem a existência de um texto prévio.

2. *American Vaudeville* (uma peça escrita por Anne e Tina para Houston'Alley Theatre)
   - A *questão*: Quais são as raízes do entretenimento popular americano?
   - A *âncora*: Os reais testemunhos e experiências de pessoas que criaram e atuaram em vaudeviles.
   - A *estrutura*: Um espetáculo de vaudevile.

3. *Cabin Pressure* (uma peça da SITI Company, encomendada pelo Humana Festival no Actors Theatre of Louisville)
   - A *questão*: Qual é o papel criativo da plateia no teatro?
   - A *âncora*: Um grupo de pessoas que não sejam de teatro são inquiridas sobre suas experiências específicas ao deparar-se com o teatro.
   - A *estrutura*: Uma estranha resposta da plateia em um teatro se transforma em devaneio e meditação.

PASSO 2:
Reunindo Material

Uma vez estabelecidos os blocos de construção básicos do projeto, é hora de coletar material que poderá ser usado na produção.

1. Faça uma lista de tudo o que você sabe com certeza acerca do projeto, incluindo ideias sobre personagem, texto, situação, história, desenvolvimento, imagem etc.

2. Faça uma lista de tudo o que você não sabe. O que você não sabe pode ser útil para o que você sabe. Essas lacunas, essas misteriosas incógnitas que o deixam incerto e nervoso sobre a peça constituem terreno fértil.

3. Colete texto, imagem, música, sons, objetos ou qualquer coisa mais que pareça *Vice* (ver capítulo 10, p. 151) em relação ao projeto. É bom trazer tudo isso em grande quantidade para a mesa. Você está simplesmente indicando as coisas para auxiliar seus

colaboradores no universo da peça. Tudo o que você trouxer pode se tornar uma pista ou um componente vital.

PASSO 3:
Pensamento Lateral

1. Divida essa informação acumulada com seus colaboradores. É importante que todo o grupo se envolva direta e pessoalmente desde o início do processo de ensaio. Esse senso de propriedade será palpável para a audiência no final da produção e pode auxiliar a sua companhia a atravessar as dificuldades de uma longa jornada. Convide-os a encontrar o seu *próprio* interesse e a personalizar o material. Inflame suas paixões. O compartilhamento de informação pode ocorrer tanto em discussões ao redor da mesa como em tarefas de Composição que são criadas por pequenos grupos de trabalho (veja "Trabalho de Fonte", no próximo capítulo)

2. Apresente todo o material que você coletou e esteja pronto para abandonar qualquer parte quando necessário (veja em "Segure Com Firmeza, Libere Com Leveza", na p. 189). Trabalhe no espírito de tentativa e erro. Esteja aberto a dar saltos conceituais no escuro de forma a possibilitar a poesia e a metáfora. Esteja aberto a novas influências e aos pontos de vista de outras pessoas. Ao mesmo tempo, tente permanecer em contato com a questão central, a vontade, o seu interesse.

3. Depois que todos os materiais e as ideias coletadas forem compartilhados, o Pensamento Lateral pode ser iniciado. Esse é um método que opera como uma espécie de divisor de águas para sonhar coletivamente (em um grupo; veja o livro de Edward de Bono, *Lateral Thinking: Criativity Step by Step*, New York: Harper Perennial, 1990). É um processo de ruminação coletiva, sem juízo de valor, de soluções para problemas específicos compartilhados. A livre associação de ideias entre todos estimula uma imagem coletiva sobre o mundo da peça e gera novas e surpreendentes ideias sobre o que poderia acontecer dentro dessa arena.

É importante que todo e qualquer participante se aproprie do processo. Expondo suas ideias ao grupo, você estará abrindo o seu processo para incluir a todos. Praticando o Pensamento Lateral, você lhes propicia espaço para jogar e sonhar ao seu lado. Embora você permaneça com a "palavra final", os participantes tornam-se seus cocriadores. Eles estarão empoderados. Esse é o momento em que o projeto se torna para eles menos teórico e mais pessoal.

PASSO 4:
Composições

Agora é o momento de você inventar suas próprias tarefas de Composição para o seu projeto particular. O impulso básico por trás do estágio de ensaio compositivo é brechtiano: "Mostre-me!" O objetivo do trabalho de Composição é traduzir teorias e ideias em ação, evento e imagem. É uma oportunidade para o grupo explorar o material de formas concretas, atuáveis.

Para criar uma tarefa de Composição, inicie por aquilo sobre o que *você* está matutando ou confuso. Faça uma lista de ideias e materiais que gostaria de explorar. Ao distribuir as tarefas, tenha a certeza de que não está descrevendo resultados, porém propondo quebra-cabeças que o grupo poderia resolver.

Nota: há muito em comum entre os conceitos e as tarefas aqui sugeridos e os do próximo capítulo (Composição Para o Ensaio de Uma Peça). Sinta-se livre para consultar, mixar e comparar.

Cada tarefa de Composição pode explorar uma ou mais das seguintes qualidades: ponto de vista, arquitetura, o papel da plateia, *storytelling*[2], luz e cor, personagem etc.

---

2 Narrativas que podem envolver processos transmidiáticos, acionando palavra, imagem, sons etc.

PONTO DE VISTA

De quem é o *ponto de vista* da peça? De quem é a história? Como o tema ou assunto muda de acordo com quem narra? O contador da história é visualizado, incorporado ou implícito? Se a peça contém uma questão, quem está propondo? Se é um sonho, quem é o sonhador? Se é uma lembrança ou um exorcismo ou um argumento, de quem é?

ARQUITETURA

Como você pode usar a arquitetura particular do teatro e/ou o cenário[3]? A tarefa da Composição pode direcionar e explorar algumas maneiras novas de utilizar o espaço. Talvez a tarefa exija que os participantes correspondam ou não às expectativas geradas pela arquitetura. Como pode você avivar o espaço no qual o evento irá ocorrer?

PAPEL DA PLATEIA

Qual é a relação entre atores e plateia? Pode a plateia se sentir como Peeping Tom[4], testemunha de algo que não deveria ver? Está ela presente em uma cerimônia pública? É ela um júri num julgamento? Qual é o papel dela no evento? A Composição possibilita um caminho para explorar várias possibilidades determinando uma solução para essa questão.

TÉCNICAS DE *STORYTELLING*

Quais são as técnicas de contar história que fazem a sua história ganhar vida? A questão aqui não é *o que* você conta, mas *como* você conta. A Composição pode explorar técnicas de filme (montagem) ou dispositivos teatrais brechtianos. Você faz transições com blecautes, com um toque de sino ou com técnicas de desvanecimento lento? Essas técnicas de contar história são consistentes ou elas se transformam no decorrer da peça?

---

3 No original, *design*.
4 Termo que se refere a uma espécie de *voyeur* de origem anglo-saxônica. Peeping Tom teria sido a única testemunha ocular da aristocrata Lady Godiva, que cavalgava nua por entre as ruas da cidade de Coventry, Inglaterra, em 1200. Teria ficado cego por conta desse ato indevido.

GÊNERO

Qual é o gênero? Como você pode empregar formas de outras fontes? Há lugar para o teatro de marionetes ou para o balé? Que gêneros teatrais a peça suscita? Que dispositivos históricos podem ser úteis? Há um coro grego ou um número de vaudevile na mistura?

DISPOSITIVOS DE MOLDURA

O que cria limites ou bordas ao redor do espaço de atuação – e como essas molduras podem ser usadas ou deslocadas?

ESCALA

Como você deve usar objetos ou ações que são muito grandes ou pequenos?

LUZ E COR

Como luz e cor são usadas para expressar o tema?

LINGUAGEM

Quais são as línguas faladas? Como as pessoas se comunicam? De onde vem o texto e como ele é situado e falado?

PERSONAGEM

O que define a personagem no seu trabalho? A personagem emerge através da ação, descrição, música etc.?

UNIVERSO DA PEÇA

O que é a arena, a paisagem ou o universo da peça? (Veja a discussão sobre o Universo da Peça no próximo capítulo.)

PASSO 5:
Atribua e Crie

Divida o conjunto em pequenos grupos de trabalho e incumba cada grupo da mesma tarefa. Permita o mínimo de uma hora e o máximo de alguns dias para os grupos ensaiarem e apresentarem as suas Composições. Encoraje os grupos a trabalhar fisicamente durante, no mínimo, 60% de todo o tempo (muita discussão frustra os resultados). Encoraje-os a criar intuitivamente e sem medo de falhar. As melhores Composições são com frequência uma combinação de falhas e grandes saltos.

PASSO 6:
Apresentar e Discutir

Solicite aos grupos que apresentem todas as Composições, uma depois da outra, sem comentários nos intervalos. Receba o trabalho com abertura e generosidade. Encoraje os participantes a dar-se tempo nas performances para que realmente se encontrem uns com os outros no palco, e não se movam mecanicamente de uma imagem a outra, de uma ideia a outra. Como Peter Book descreve em seu livro *The Empty Space* (New York: Touchstone, 1996), o espaço do palco tem duas regras: 1. Alguma coisa *pode* acontecer, e 2. Algo *deve* acontecer. É responsabilidade dos *performers* certificarem-se de que algo realmente ocorre entre eles quando apresentam sua Composição.

Dê retorno para cada Composição, focando as inovações positivas. Articule o que é útil para a produção. Reconheça qualquer risco que tenha ocorrido e apoie o esforço. Liste as ciladas que surgem e acolha as descobertas, o que pode ser evitado enquanto a produção é montada. Permita reações individuais às Composições. Ouça todas as respostas como chaves para resolver um grande mistério.

Aqui estão algumas frases que julgamos úteis na discussão do processo de trabalho de Composição.

Um Universo a Partir de um Rabisco

Realizar trabalhos originais oferece a oportunidade de criar um universo a partir de um simples rabisco. Você pode, de fato, criar um universo com suas próprias leis de espaço, tempo e lógica. Isso certamente é possível fazer estudando e replicando um tempo e lugar atuais, se é o que a peça requer, mas você também tem a capacidade de dizer: "Qualquer coisa é possível. Então, o que deve acontecer?" ou "Por que deveriam os objetos cair no chão em vez de flutuarem no ar?" Com um saudável senso de aventura e em face de uma página em branco, você parte em direção ao desconhecido. (Veja a seção Universo da Peça no próximo capítulo.)

Segure Com Firmeza, Libere Com Leveza[5]

Mergulhe em qualquer tarefa com vigor, força e intenção, mas ao mesmo tempo esteja disponível para se ajustar. Saiba o que você quer e seja completamente desapegado para conseguir isso.

Salto de fé[6]

Sem um intuitivo *salto de fé*, o trabalho permanece acadêmico. Tenha a coragem de fazer escolhas que você não pode justificar no momento. Tais escolhas constituem um salto.

> *Viver é uma forma de não se estar certo, de não saber o que virá em seguida e nem como. No momento em que você sabe como, você começa a morrer um pouco. O artista nunca sabe inteiramente, nós supomos. Podemos estar errados, mas nós damos saltos após saltos no escuro.* [Agnes de Mille]
>
> *Supõe-se que o feito mais difícil para um dançarino de balé seja saltar numa postura específica de tal modo que ele nunca esteja se esforçando, mas que no próprio salto ele a assuma. Muitas pessoas vivem completamente absorvidas num mundo de alegrias e tristezas; eles são os esquenta-bancos que não fazem parte da dança. Os cavaleiros do infinito são dançarinos de balé que possuem elevação. Eles fazem o movimento ascendente...* [Soren Kierkegaard, *Fear and Trembling*]

5   No original, *Hold on tightly, let go lightly.*
6   No original, *Leap of faith.*

13.
A Composição Direcionada ao Ensaio de uma Peça

Trabalho de Fonte

Em uma nova criação, você trabalha a partir de uma *fonte*, seja ela uma questão, uma imagem, um evento histórico etc. Ao trabalhar sobre uma peça, você também encontra uma fonte. A peça se torna sua fonte, e ela, em si mesma, contém outras fontes.

O Trabalho de Fonte é uma série de atividades efetuadas no início do processo de ensaio para entrar em contato (intelectual e emocionalmente, individual e coletivamente) com a fonte na qual você está trabalhando. É o tempo que se leva (antes de você começar a ensaiar qualquer coisa que o público venha a presenciar no palco) para entrar com todo o seu ser no mundo, nas questões, no coração do seu material.

O Trabalho de Fonte pode incluir o trabalho feito nos Viewpoints e no treinamento da Composição, mas não se limita a isso. Ele pode tomar várias formas. Pode incluir apresentações ou relatórios fornecidos pelos atores sobre tópicos específicos, aprender danças de determinado período, construir uma instalação artística em grupo e, é claro, Composição. O Trabalho de Fonte pode ser qualquer coisa que você, na sua imaginação, deseje, contanto que mova a companhia em direção ao material e a um investimento no trabalho.

A perspectiva do Trabalho de Fonte permite uma comunicação silenciosa e invisível. É uma forma de acender o fogo a fim de que todos possam compartilhá-lo. Não se trata de encenar. Não se trata de fixar um produto final. Trata-se de criar um tempo no início do processo (às vezes somente um dia ou dois, às vezes um mês ou mais, dependendo sempre das limitações de tempo) para avançar, de um modo verdadeiro e pessoal para todos os envolvidos, a *questão* encerrada no interior da peça.

O Trabalho de Fonte pede que a companhia inteira participe com todo o seu ser no processo, em vez de assumir um papel prescrito ou passivo. Pede a cada pessoa que contribua, crie e cuide, em vez de esperar ser informado sobre o que trata a peça ou qual deve ser a parte de cada participante.

Um diretor ou diretora com frequência faz o Trabalho de Fonte por conta própria antes do início dos ensaios. Anne lê uma tonelada de livros e escuta dezenas de CD's novos. Tina recorta fotografias e cola todas elas em suas paredes. Outros diretores podem ir à biblioteca, efetuar viagens de campo, falar com pessoas, conduzir qualquer tipo de pesquisa preparatória que possa contribuir para o novo trabalho. Assim, quando um diretor entra em um ensaio no primeiro dia, ele/ela está semanas ou meses à frente do resto da companhia em sua obsessão pelo material. O Trabalho de Fonte é usado para proporcionar tempo e espaço para *todos* os colaboradores preencherem com seu próprio conhecimento, interesse, sonhos e reações ao material. Pense nisso do seguinte modo: o diretor pegou uma doença e, de alguma forma, nesses primeiros momentos críticos do processo, ele deve tornar essa doença contagiosa. O Trabalho de Fonte espalha a doença. *O Trabalho de Fonte é um convite à obsessão.*

A fonte é qualquer coisa que seja a origem do trabalho a ser desenvolvido. O Trabalho de Fonte diz respeito a entrar em contato com esse impulso original *por trás* do trabalho, assim como o trabalho em si mesmo, por exemplo, o texto, sua relevância, seu período, seu autor ou o mundo físico e espiritual da produção. A fonte de uma peça de teatro pode ser tão intangível como um sentimento ou tão concreta como um *clipping* jornalístico ou um objeto encontrado. O teatro pode ser feito tendo qualquer coisa como fonte. O Trabalho de Fonte é o tempo que separamos para retirar um *riff*[1] da fonte, para responder a ele como um grupo e para causar e identificar uma química explosiva entre ele e nós.

Trabalho de Fonte no Ensaio

A costumeira pesquisa e as discussões que com frequência iniciam um processo de ensaio podem ser consideradas uma forma de Trabalho de Fonte. Essas atividades úteis demandam que a companhia trabalhe com suas mentes.
Elas incluem:

- assistir filmes, vídeos e DVDs relacionados ao tema;
- ouvir músicas relacionadas ao tema;
- relatar tópicos definidos, incluindo pesquisa histórica sobre o movimento, a etiqueta etc., provenientes do período em que se passa a peça.

Por construir sobre esse "trabalho mental" preliminar, o Trabalho de Fonte é destinado a despertar a intuição, mas também o inconsciente.

Quando introduzir o Trabalho de Fonte em uma companhia de atores, deixe-os saberem que *você* sabe o que está pedindo que eles façam: fazer escolhas e declarações *cedo e rápido demais*. Isso é proposital. As escolhas deles têm o objetivo de colocar o instinto em erupção. E as escolhas podem (e irão) mudar amanhã.

Os atores podem inicialmente sentir que o Trabalho de Fonte é ou "uma perda de tempo" (outro jogo tolo do teatro) ou um mau uso de tempo valioso que poderia ser gasto na realização de trabalho de mesa ou de cena. A realidade é: o Trabalho de Fonte economiza tempo. O tempo despendido no início do processo de ensaio para colocar a companhia na mesma sintonia é tempo economizado, pois não será preciso explicar muitas e muitas vezes o

---

1 Espécie de frase musical repetida no *jazz*.

que é aquela "sintonia". Chegar a um acordo sobre metas e desenvolver um vocabulário compartilhado economiza tempo depois, à medida que todos se movem para montagem do palco, leituras e buscas rápidas, técnica, pré-estreia, estreia.

EXEMPLO 1 DE TRABALHO DE FONTE NO ENSAIO:
Katchen von Heilbronn

No primeiro ensaio para a peça *Katchen von Heilbronn*, de Heinrich von Kleist, que Anne dirigiu no Institute for Advanced Theatre Training no American Repertory Theatre, ela pediu a todos que viessem no segundo dia com uma lista ou apresentação que respondesse à pergunta: "O que é alemão?" Ela não estava interessada em uma pesquisa acadêmica que trouxesse os atores até o material de forma mental, mas em respostas subjetivas que os conduzissem ao material a partir de suas imaginações, pré-concepções, preconceitos, fantasias, memórias, histórias e cultura. Ela queria trazer para a superfície suas personalidades escondidas por meio do Trabalho de Fonte. Assim, quando chegaram no segundo dia de ensaio, uma pessoa leu uma lista de coisas alemãs, outra trouxe comida alemã e Tina tocou as músicas alemãs mais clichês que ela conseguiu pensar no piano, indo da Quinta Sinfonia de Beethoven até o hino nazista "Tomorrow Belongs to Me" do musical *Cabaret*. Desse modo, puderam identificar em que ponta eles, como grupo, estavam em relação ao "germanismo" da peça e, ao mesmo tempo, tornar-se consciente de seu contexto e decidir como proceder (ou não) a partir daí. Desse modo, uma cultura esquecida torna-se uma cultura ativa.

EXEMPLO 2 DE TRABALHO DE FONTE:
Strindberg Sonata

Quando Tina visitou Anne no ensaio de *Strindberg Sonata* (uma peça que ela fez sobre o mundo de August Strindberg na Universidade da Califórnia em San Diego), Anne estava no meio do Trabalho de Fonte com a companhia. Ela pediu aos atores para preencherem os espaços em branco: "Quando eu penso sobre

Strindberg, eu vejo ____, eu ouço ____, eu cheiro ____ etc. No dia da visita de Tina eles estavam lendo suas listas em voz alta. Eles estavam cheios de imagens de homens de cartola e mulheres de vestidos longos de veludo carmesim e preto, pinturas de Edvard Munch, som de piano tocando, um relógio tiquetaqueando, um tiro de arma de fogo, o cheiro de papel queimando, bebida alcoólica no hálito de alguém, um buquê de flores etc. As primeiras coisas que surgiram foram as mais óbvias. Anne, porém, encorajou os atores a entrar nos clichês e estereótipos em vez de tentar ignorá-los. Indo através dos clichês, explicou ela, sairiam do outro lado com algo que poderia ser *usado* e depois transformado. Mais importante, as listas serviriam para despertar a imaginação dos atores e ajudariam a criar um vocabulário para o seu Universo da Peça.

O Universo da Peça

Ao dirigir uma peça, comece com a suposição de que você pode criar um universo inteiramente novo no palco: um Universo da Peça (ver capítulo anterior, "Um Universo a Partir de um Rabisco"). Em vez de dar como certo que a realidade da peça será a mesma da nossa realidade cotidiana, trabalhe com a atitude de que qualquer coisa desse Universo da Peça pode ser inventado *a partir de um rabisco*. O Universo da Peça é o conjunto de leis que pertencem à sua peça e a nenhuma outra: o modo como o tempo opera, o modo como as pessoas se vestem, a paleta de cores, o que constitui o bem e o mal, boas ou más maneiras, o que um certo gesto denota etc. Use o Trabalho de Fonte para criar o Universo da Peça de qualquer peça dada. A partir de tarefas (como os dois exemplos de ensaios citados anteriormente), desenvolva uma lista que defina esse novo mundo. Às vezes, essas listas são concretas e históricas (como o jeito de segurar os cigarros na virada do século na Rússia de modo a fazê-los durar mais), às vezes elas são inventadas (na produção de Anne *Small Lives/Big Dreams*, na SITI, uma destilação das cinco maiores peças de Tchékhov, em que todos tinham de entrar pela direita do palco e sair pela esquerda; assim, sair do palco pela direita ganhou um significado específico de quebra de regras, abandono do jogo, retorno, ida em direção à morte). Uma sociedade na Índia é diferente de uma sociedade na França – como, exatamente? Com o que *se parecem* essas diferenças, como você as torna ativas no palco? A sociedade francesa em 1800 é diferente da França em 1850 – como, exatamente?

Toda cultura tem as suas próprias regras, enunciadas ou não, assim como cada família, cada relacionamento, cada paisagem. Até o teatro tem suas regras performáticas: fique de frente para o público, fique na luz, pause para uma risada do público. Por quê? Quem disse?

Ache uma razão convincente para fazer uma peça em que todos dão as costas para o público, exceto quando eles contam um segredo ou uma mentira – apenas nesses momentos faça os atores ficarem de frente. O que isso poderia expressar para o público?

Não assuma nada. *Questione* tudo. Invente as regras. Faça um Universo da Peça único.

Composição Voltada Para a Peça

No ensaio, quando tomamos tempo para o trabalho de Composição voltado a uma produção, geramos material:

- que pode ser usado na performance;
- que pode ser um ponto de partida para discussão e exemplos;
- que é sagaz e vil, extremo e espontâneo e, portanto, muitas vezes revela enormes e profundas verdades sobre a peça que poderiam ser esquecidas ou nunca exploradas.

Você pode criar tarefas de Composição que focalizem em:

- temas da peça;
- o mundo físico da peça;
- uma personagem da peça;
- um relacionamento na peça;
- uma cena ou evento na peça.

EXERCÍCIO 1:
Composição de Tema Básico

Divida o elenco em grupos. Peça a cada grupo que decida, entre si, e somente para hoje, "de que se trata essa peça". Faça uma composição de três minutos que destile a essência da peça e expresse seu tema de acordo com o grupo. A tarefa pode ser dada sem qualquer outro ingrediente ou pode incluir tantos quantos você julgar útil.

EXERCÍCIO 2:
Composição de Tema Avançado

1. Divida o elenco em grupos.
2. Articule um tema da peça que lhe interessa. (Forneça-o à companhia ou peça a cada grupo que escolha o seu próprio tema.)
3. Divida a peça em três grandes movimentos (algumas peças possuem claramente três movimentos; outras, dois; outras, cinco). Nomeie e defina-os para os grupos, ou deixe cada grupo determinar suas próprias divisões.
4. Crie uma peça em três partes (correspondendo às partes da peça) que expressem o cerne temático do material. As seções também podem fluir de uma para a outra, ou ter um dispositivo de separação para cada uma delas (um cartaz com título, um blecaute, o soar de uma campainha, uma voz em *off*). Em ambos os casos, cada uma das três partes deve ter começo, meio e fim claros, assim não haverá confusão sobre quando uma parte acaba e a outra começa.
5. Incorpore os seguintes elementos, um de cada vez:
   - três linhas do texto retiradas da peça (nem mais nem menos);
   - um papel específico para o público e uma escolha do espaço para a performance em relação ao espaço de visão;
   - uma peça de música a partir de uma fonte inesperada;
   - uma revelação de espaço;
   - uma entrada surpresa;
   - uma quebra de quadro;

- uma sequência de extremo contraste;
- uma repetição de um objeto ou imagem três vezes;
- qualquer outra coisa de sua lista específica de ingredientes, de seu Universo da Peça específico.

EXERCÍCIO 3:
Composição no Universo Físico/Sonoro da Peça

Esta tarefa deve ser dada na noite anterior ao próximo ensaio, de modo que a companhia tenha tempo suficiente (mas não muito) de sair em busca de coisas.

1. Divida o elenco em trios, pares ou peça às pessoas para trabalharem sozinhas.
2. Usando somente objetos encontrados e sons (sem atores), peça-lhes que criem uma peça de dois minutos que expresse o universo físico e auricular de sua peça. Ninguém pode aparecer na peça, exceto, se necessário, um manipulador técnico, um tipo de bonequeiro para a paisagem. Crie algo expressivo e subjetivo, em vez de representacional. Não: "Com o que nosso cenário se parece?" Mas: "Como o ambiente de nosso Universo da Peça é *sentido*?" Isso é caótico ou formal, aflito ou romântico? Como você cria essa sensação através de objetos achados e sons?
3. Escolha um espaço que seja controlado e focado, para que não haja acidentes em termos de vazamento de luz ou sons ambientes advindos do exterior.
4. Elementos para considerar e trabalhar incluem:
    - LUGAR. Onde a peça se passa? Não literalmente, mas expressivamente. É um campo de batalha, um templo, uma terra de ninguém, um circo, o interior da cabeça de uma pessoa, um sonho de uma personagem específica?
    - TEMPO. Quando a peça se passa? Uma pessoa pode abordar isso literalmente e criar, por exemplo, um retrato da era de ouro. Ou pode-se abordar isso de maneira mais subjetiva, e focar a era de ouro lembrada por alguém em particular; ou

os eventos que acontecem na peça são todos repetições uns dos outros e, portanto, o tempo é circular; ou a noção de que toda a peça parece encoberta em uma noite sem fim.

- MATERIAIS E TEXTURAS. Cor, peso, durabilidade. A paisagem é toda "veludos exuberantes", ou é toda "pregos enferrujados", com uma fatia de veludo rasgado no meio?

- IMAGENS E OBJETOS. Tamanho, forma, cor. É uma colagem feita de centenas de recortes de revistas ou um campo de alguns metros de rosas de caules longos ou um único e pequeno objeto brilhante no espaço? É uma rosa em um vaso ou uma rosa perto de um revólver?

- PONTO DE VISTA. Perspectiva, escala. A peça está sendo lembrada, sonhada ou contada por alguém em particular? Qual o seu gosto, sua opinião, sua intenção? Quem é o público? Nós olhamos de fora do Universo da Peça ou estamos imersos nele? Vemos as coisas de cima, de baixo ou em primeiríssimo plano?

- SOM. Música, texto, efeitos sonoros, gravados ou ao vivo? Há silêncio ou muito barulho? O barulho é calmo ou volumoso? Há texto? Que sons criam a atmosfera? É um longo, melancólico solo de violoncelo, ou um longo, melancólico solo de violoncelo pontuado por estouros de risadinhas abafadas?

- LUZ. Intensidade, direção, cor, qualidade do ar. As coisas são claras e luminosas ou misteriosas e escondidas na sombra? O ambiente é natural ou feito pelo homem? Há um farol penetrando a fumaça, ou dez velas no chão, ou ainda um refletor atravessando uma porta direcionado para a plateia? A luz muda imperceptivelmente ou em golpes afiados?

- PROGRESSÃO. A paisagem física muda no curso da ação? Como? Está ficando mais luminosa lentamente no curso de dois minutos ou uma bola gira no palco nos últimos dez segundos derrubando tudo?

EXERCÍCIO 4:
Composição da Personagem

1. Escolha uma personagem que lhe interesse nesse momento. (Você também pode dar uma tarefa mais convencional a cada ator e pô-lo a trabalhar em sua própria personagem da peça.)
2. Crie um estudo da personagem em cinco retratos, cada retrato separado por um blecaute de não mais que dez segundos. Permaneça em cada retrato no mínimo vinte segundos para que ele possa ser estudado.
3. Cada retrato da personagem deve incluir:
   - um objeto;
   - uma peça musical ou som externo.

4. Os títulos dos cinco retratos são como se segue:
   - *O medo de...* (deve expressar algo sobre o que a personagem mais teme);
   - *Amor ou ódio a...* (escolha um; deve identificar uma pessoa ou coisa que a personagem mais ama ou odeia);
   - *Fantasias sobre...* (deve retratar aquilo que a personagem fantasia e/ou como);
   - *Memórias de...* (deve dirigir aquilo que a personagem lembra);
   - *O desejo por...* (deve expressar algo sobre o que a personagem mais quer, deseja, está propensa).

EXERCÍCIO 5:
Composição do Relacionamento

Parte 1: Essência da Relação
1. Divida o elenco em duplas.
2. Cada dupla tem dois minutos para fazer uma sequência de movimentos que expressa a essência de seu relacionamento por meio do uso da Relação Espacial, Andamento, Gesto, Topografia e qualquer outro Viewpoint individual que entre no jogo.

Parte 2: Progressão do Relacionamento
1. Divida o elenco em duplas.
2. Cada dupla tem dois minutos para fazer uma sequência de movimentos que contenha a história da progressão de seu relacionamento no curso do jogo com o uso da Relação Espacial, Andamento, Gesto, Topografia e qualquer outro Viewpoint individual que entre no jogo.

EXERCÍCIO 6:
Composição do Evento

1. Escolha uma cena problemática ou desconcertante da peça.
2. Divida os participantes em grupos.
3. Cada grupo deve repartir a cena em três a oito seções ou minicapítulos. Dê um rótulo a cada um, indicando a ação fundamental daquela seção.
4. Seguindo o esboço dos minicapítulos determinados (em vez das falas do texto na cena), traduza a ação de cada minicapítulo em movimento expressivo.
5. Apresente, discuta, indique (como em "se você não pode dizê-lo, aponte", um método para identificar simplesmente o que pertence, funciona ou permanece por meio do exemplo criado).

14.
A Composição Como Prática e Receitas Adicionais

Um dançarino de balé pratica sua técnica fazendo exercícios na barra. Um pianista pratica ao tocar escalas. Um jogador de basquete faz arremessos, enquanto outro levanta pesos ou corre. Como é que nós, enquanto fazedores de teatro, mantemos a forma? Como é que nos exercitamos? Os Viewpoints podem ser uma prática para os participantes à medida que eles exercitam os músculos da *abertura, atentividade* e *espontaneidade*. De modo similar, a Composição pode ser uma prática para diretores, coreógrafos, dramaturgos, compositores, *designers, performers* – para todos os criadores do teatro. No trabalho de Composição, nós praticamos *criando*. Mantemos em forma nossa habilidade de sermos *ousados, articulados, divertidos* e *expressivos*.

Assim como o treinamento em Viewpoints é feito para ajudar *performers* a "sair de dentro de suas cabeças"[1], o trabalho de Composição é feito para ajudar diretores e outros a também "saírem de dentro de suas cabeças". O trabalho de Composição não precisa ser usado somente em uma produção ou em peças originais; ele pode ser usado em aula, em *workshops* ou a qualquer momento que um grupo queira se reunir para *trabalhar*. Por meio do trabalho de Composição, aprendemos a confiar em nossos instintos, refinar aquilo que fazemos, reconhecer nossas forças e fraquezas

---

1 No original, *get out of their heads*. Para as autoras, implica em parar de analisar e se tornar mais intuitivo e ativo.

como artistas e, acima de tudo, nos inteiramos de segredos sobre nós mesmos através das coisas que emergem.

Em várias cidades onde trabalhamos, existem agora vários grupos que se encontram para simplesmente praticar os Viewpoints e fazer peças de Composição juntos. Em Nova York, Chicago e Los Angeles tais grupos se reúnem, colocam alguma música e começam a *viewpointizar*. Ou escolhem um assunto e geram material através da Composição. Eles não têm em mente noite de estreia, críticos e nenhum final – apenas praticar, para manter seus espíritos criativos ativos e flexíveis.

> *A palavra "composição" moveu-me espiritualmente, e eu mais tarde fiz dela meu propósito de vida a fim de pintar uma "composição". Ela me afetou como uma prece e me preencheu de temor.* [Wassily Kandínski]

Exercícios Práticos

Você pode praticar ou explorar *qualquer coisa* em seu trabalho de Composição. Pode fazer exercícios compositivos sozinho, com uma outra pessoa ou em grupos maiores. Pode fazê-los em qualquer lugar, com muitas coisas ou sem nada. O tema, o foco, o objetivo, os ingredientes – eles são todos seus, para você escolher. Qualquer coisa é possível e o céu é o limite.

EXERCÍCIO PRÁTICO 1:
Observação e Articulação

1. Escolha três fontes que lhe afetam ou o interessam. Sua fonte pode ser uma imagem (foto, cartão postal, xerox), uma história, uma notícia de jornal, uma canção, um objeto etc. Não se preocupe sobre o que você pode ou não pode, ou se sabe como fazer uma peça a partir dessa fonte, apenas comece com o que te move.

2. Para todas as três fontes:
- Descreva como a fonte o afeta – sua resposta intuitiva a ela. ("Faz-me sentir triste" etc.)
- Desconstrua o *porquê* isso o afeta. Analise os elementos compositivos em ação. Tente articular como *formas* criam *sentimentos* em cada caso particular. É a escala que o move ou a oposição de falas ou de *links* associativos que você tem com um ícone específico? Na desconstrução da sua fonte, preste atenção a tamanho, textura, forma, cor, andamento, ritmo, repetição, contraste (claro e escuro, rápido e devagar etc.).

EXERCÍCIO PRÁTICO 2:
Paisagem e Topografia

1. Trabalhem em grupos de dois. Uma pessoa vai inventar a paisagem, a outra vai mostrá-la percorrendo-a.

2. As duplas trabalham em um espaço vazio. O Arquiteto da Paisagem de cada dupla divide mentalmente o espaço em seções distintas, incluindo tamanhos e formas específicas (ele pode trabalhar com quadrantes, raias, trilhas etc.) e atribui uma qualidade física ou lei para cada área. Por exemplo, um canto pode exigir um andamento incrivelmente rápido, outro pode ter uma gravidade invertida e as coisas vão para cima em vez de ir para baixo, outro pode levar tudo para trás, outro pode requerer escorregar no chão através de uma fenda imaginária.

3. Uma vez que uma *paisagem invisível* complexa, detalhada e específica tenha sido criada e experimentada pela pessoa que se move por ela, cada dupla deve apresentar essa criação para o grupo. O terreno deve ser claramente legível.

EXERCÍCIO PRÁTICO 3:
Cor

1. Mantenha pequenos grupos fazendo Viewpoints a partir de cores na sala enquanto o restante observa.

2. Ou peça a cada grupo que escolha três objetos, cada um com uma cor distinta. Usando esses três objetos, crie uma história que surja dessas três cores e de como elas interagem.

3. Ou, individualmente, nomeie uma cor e liste todas as associações que você faz com ela. Que sentimento isso engendra em você, o que isso te faz lembrar, em que personagens ela te faz pensar, quais são as suas referências simbólicas tradicionais? Passe por muitas cores. Faça uma Composição que explore uma escolha de cor controlada e consciente. Por exemplo, você pode fazer uma "peça roxa", ou uma peça em três movimentos intitulada: "Branco", "Vermelho", "Preto" ou uma peça na qual as personagens são definidas e interagem baseadas na cor de um único objeto que elas usam.

EXERCÍCIO 1:
Encene Sua Família no Jantar

1. Este exercício pode ser feito com um ou mais grupos.

2. Uma pessoa em cada grupo dirige as outras em uma encenação de sua própria família no jantar. A encenação deve ser "Expressiva", isso significa que não deve ser uma descrição literal das personagens e eventos, mas uma expressão da experiência subjetiva do que se sente estando lá, no meio daquela família. Cada diretor escolhe os indivíduos para interpretar irmãos e pais etc. O diretor também deve escolher alguém para interpretá-lo. O jantar pode ser em qualquer momento da história da família.

3. Um por vez, cada grupo mostra a sua Composição para os outros.

4. O diretor deve dar a cada pessoa um conselho individual e ao grupo um lembrete geral que ajudará a tornar suas performances ainda mais expressivas das dinâmicas da família. A Composição então deve ser executada novamente.

Em um exercício como esse, de encenar sua família no jantar, você conhece o sentimento, os indivíduos e o evento intimamente. A dramaturgia é distinta e particular. Quando você trabalhar em uma peça, deve esforçar-se para conseguir essa mesma intimidade, o mesmo *trabalhar-a-partir-da-sensação*. Isso exige muito estudo, imaginação e personalização.

EXERCÍCIO 2:
Composições Baseadas na Peça de Arthur Miller – "A Morte do Caixeiro Viajante"

1. EXPRESSANDO PERSONAGEM. Escolha uma personagem de *A Morte do Caixeiro Viajante* e um momento da peça no qual essa personagem fala. Encene o mesmo momento de cinco formas diferentes com o mesmo ator.

2. EXPRESSANDO RELAÇÃO. Escolha duas personagens de *A Morte do Caixeiro Viajante* e uma interação específica que elas tenham na peça. Encene o momento da interação de cinco diferentes formas com os mesmos dois atores.

3. PONTO DE VISTA E LÓGICA DO SONHO. Encene *A Morte do Caixeiro Viajante* como um sonho ou pesadelo de uma das personagens. Use tantos atores quanto for necessário. O evento deve ter, no máximo, dez minutos.

Essas composições oferecem a chance de aplicar os princípios do treinamento em Viewpoints diretamente a uma personagem ou a um relacionamento em uma peça. As possibilidades sugeridas para expressar personagem e relacionamento: ação física, distância ou aproximação da plateia, distância ou aproximação entre os atores. Andamento da fala, Andamento do movimento, uso da Arquitetura, Gesto, Forma, Dinâmica (volume alto ou baixo), Altura etc.

EXERCÍCIO 3:
Peças Clássicas Como Fonte Para Composições

Em pequenos grupos (em geral de duas a seis pessoas):

1. DESCONSTRUÇÃO. Escolha uma peça clássica. Realize toda a peça em dez minutos.

2. LINHA. Escolha uma cena de uma peça clássica. Faça a cena com a concentração na linha, *a tração*, assim haverá uma inquebrável linha de ação dramática se movendo para frente (que *traga* a plateia para frente) sem empecilhos ou rodeios.

3. INTERRUPÇÕES. Escolha uma cena de uma peça clássica. Faça a cena com quinze interrupções.

EXERCÍCIO 4:
Peça Radiofônica

1. Em grupos de três a oito pessoas, crie uma composição de oito minutos na forma de uma peça radiofônica. O objetivo do exercício é criar uma viagem para a plateia através do som.

2. Dependendo do objetivo dessa Composição, ser parte de uma produção ou para praticar, você pode encaminhar a Composição de modo que seja construída em torno de uma cena particular, um tema, uma história etc.

3. Decida quais ingredientes incluir, usando qualquer dos elementos ou instrumentos das outras Composições, como expectativas quebradas, entradas surpresas, quinze segundos consecutivos de silêncio, um tapa etc.

4. Dê meia hora para os grupos prepararem suas Composições e então as apresente uma de cada vez, com a plateia mantendo os olhos fechados do começo ao fim.

15.
Como Discutir o Trabalho de Composiçãoo em um Grupo

Depois de realizar alguns trabalhos de Composição, mantenha todo o grupo sentado junto. Peça a todos para fecharem seus olhos. Fale com o grupo sobre cada Composição efetuada naquele dia, uma de cada vez, e pergunte às pessoas do que elas se lembram. Esse processo de lembrar não deve ser um exercício analítico e intelectual, mas, em vez disso, cada indivíduo deve relaxar e se focar na sua memória de cada Composição para ver o que aflora à consciência. Então, peça a todos para expressar em voz alta o que ficou com eles (não o que eles gostaram ou não gostaram). As pessoas devem manter os olhos fechados e escutar, de maneira que possam ouvir umas às outras; os participantes devem falar claro e alto, e tentar não se sobrepor uns aos outros. O que vem à tona será o que atraiu um interesse genuíno, não mediado. Você pode ouvir: "O modo como Agnes tocou a flor" ou "Quando o balão foi liberado". O foco deve permanecer em um levantamento concreto de eventos e imagens mais do que nos seus efeitos ou interpretação.

Esse momento de reflexão representa uma ferramenta fundamental no trabalho de criação para o palco. Ainda que a crítica analítica e a discussão teórica desempenhem um papel significativo no *feedback*, o corpo e a memória de cada um podem ser o barômetro mais significativo no processo artístico. Lembre-se de uma produção, um concerto, uma pintura ou uma peça de música com a qual você teve contato três ou quatro anos atrás. Do que você se lembra? Com muita frequência o que você lembra indica o que deve procurar olhar no seu próprio trabalho. O que fica com você pode ser considerado o aspecto mais bem-sucedido do evento. O mesmo vale para um ensaio. O que *aflora* antes de dormir à noite após um dia de ensaio? Muitas vezes o que fica com você não foi realmente planejado, mas, ao contrário, aconteceu por acaso. E, no entanto, esses acasos são sinais para os quais devemos prestar atenção. No fim de contas, como Sigmund Freud nos ensinou, não existe o acaso. Aqui, ele é uma dádiva.

Peça aos participantes para abrirem os olhos. Agora, como um grupo, revisite cada Composição, uma de cada vez, analisando de perto cada trabalho. Aborde em detalhe os momentos que foram descritos como memoráveis. O que fez as escolhas serem teatrais? Tente reconhecer e examinar os blocos construtores desses *momentos memoráveis*. Forneça anotações verbais para cada um dos aspectos de cada Composição e permita que os participantes contribuam com seus próprios pensamentos e reações. Se você está trabalhando numa produção e as Composições têm sido explorações para a encenação, então é hora de comentar o que é *Vice* ou não *Vice* (ver capítulo 10, p. 150). Se for uma aula, agora é a oportunidade para analisar a linguagem do teatro e discutir o ponto de vista, a jornada do público e como cada ator em particular incorporou os momentos e encontrou-se com os outros no palco.

Aqui estão algumas coisas a observar no trabalho de Composição, as quais podem ser utilizadas na discussão:

- Como os ingredientes dados (a lista do que deve ser incluído na Composição) afetaram a experiência de assistir ao trabalho? Por exemplo, se uma *expectativa quebrada* foi um dos ingredientes, como ela moldou a experiência do público?
- Como foi a colaboração? Houve momentos nos quais o processo se fechou? Houve momentos de facilidade e fluxo? Por quê?
- Como público, o que você achou excitante no evento? O que aconteceu que fez o seu pulso acelerar? Por quê?
- No que você prestou atenção? Por quê?

- Quando você se distanciou e não se sentiu parte do evento? Por quê?
- Você se identificou com alguém na Composição? O que fez isso acontecer?
- Como foi a criação de personagens? Vocês foram capazes de identificar personagens e ficar de olho nelas? Como?
- Quais partes da Composição foram Descritivas e quais partes foram Expressivas? (ver capítulo 11, p. 172).
- Houve momentos de pura poesia no palco? Em qual momento a linguagem do palco se tornou poética?
- Como foi o *jo-ha-kyu* do evento todo, e como o *jo-ha-kyu* funcionou junto às partes da Composição? (ver capítulo 11, p. 173).
- Como vocês lidaram com as transições?
- Quais expectativas os momentos abertos da Composição criaram e como foram administradas?
- O fim foi claro e necessário?
- Foi feita uma escolha forte e ativa a respeito de espaço, ambiente e arquitetura?
- Existia um papel claro para o público, sustentado pela forma como as pessoas entraram, se sentaram ou se moveram?
- Você conseguiu sentir o impulso por trás do trabalho? Havia uma *questão* que deveria ser desenvolvida ou uma afirmação que precisava ser feita? Você conseguiu sentir necessidade na peça?
- Como o texto foi usado, havia dificuldade ou tranquilidade nos momentos em que as pessoas falavam? Havia lugar para a palavra falada? O que fez a fala ser necessária?
- Quão articulada foi a fisicalidade na Composição?
- A repetição e a reciclagem foram usadas de modo expressivo?
- Como os Viewpoints individuais apareceram na Composição?
- Quais foram os pontos fortes da peça e quais foram as suas fraquezas? Ela foi forte em personagens, história, atmosfera, imagens, linguagem ou tema? E quais desses elementos foram mais frágeis?

- O quão vívidas foram as escolhas sonoras, incluindo música, silêncio e paisagem sonora?
- A Composição encontrou modos articulados de trabalhar com a luz disponível, seja com a luz do sol na sala, das lâmpadas fluorescentes no teto ou da iluminação encontrada (como lanternas, luminárias, luz de velas, iluminação teatral etc.)?
- Pode a Composição ser discutida em termos de outras formas de arte? Houve momentos ou artifícios paralelos à linguagem cinematográfica, tal como primeiríssimo plano[1], tomada fixa[2], montagem etc.? Ou à pintura, como enquadramento, tamanho de telas, quantas cores haviam na paleta? Ou à música, como andamento, crescendo, altura, codas etc.?
- A duração da peça foi, por si só, expressiva? Foi longa o suficiente, mas não muito longa para completar o que era necessário fazer?
- A plateia sabia para onde olhar e isso era importante?
- Havia conflito na peça e isso era importante? Havia tensão e suspense na peça e isso importava?
- Houve humor e isso foi importante? Por quê? O que torna algo engraçado?
- Havia uma sensação na plateia de estar firmemente nas mãos de alguém? Eles se sentiram cuidados e guiados?

Tesseracto[3]

Madeleine L'Engle inventou o termo "tesseracto" em seu livro A *Wrinkle in Time* (Uma Dobra no Tempo, New York: Bantam Doubleday Dell, 1962). No livro, ela descreve a imagem de um pedaço de corda que alguém está segurando com uma ponta em cada mão. Uma ponta da corda é descrita como ponto A e a outra como ponto B. Nós acreditamos tradicionalmente que para atravessar

---

1 No original, *close-up*.
2 No original, *establishing shot*.
3 No original, *tesseract* refere-se a uma figura geométrica análoga ao quadrado, mas com quatro dimensões.

do ponto A ao ponto B precisamos viajar ao longo da corda, horizontalmente. Em um *tesseracto*, é como se pegássemos as duas pontas da corda e as juntássemos exatamente no mesmo tempo e lugar, de modo que o comprimento da corda dobra-se em uma vertical e, nesse caso, em um tempo e espaço invisíveis. Então o que acontece em um *tesseracto* é que nós viajamos instantaneamente de um estado para outro sem transição. Isso pode acontecer no tempo: por exemplo, é inverno e em um piscar de olhos é primavera. Isso pode acontecer em um lugar: por exemplo, ao descrever um sonho, podemos dizer "e de repente eu estava em um campo aberto". Isso pode acontecer no teatro, em uma atuação de um modo que a sra. L'Engle provavelmente nunca imaginou: por exemplo, uma personagem não fica progressivamente mais nervosa, ela *tesseracta* de um estado de absoluta calma para um estado de absoluta raiva, *sem transição*. Na psicologia humana (e no estudo de um texto), aprendemos que uma pessoa vai de A para B para C e para D. Mas, se uma personagem *tesseracta* no palco, ela pode ir de A para G, então voltar para B e subitamente ir para X. Uma vez que abrimos nossos olhos para a possibilidade do *tesseracto*, começamos a perceber que, de fato, não se trata somente de uma noção estranha, mas também de uma descrição acurada do modo como as pessoas se comportam todo o tempo.

Pouco antes de o dramaturgo alemão Heiner Müller morrer, ele visitou a Universidade Columbia para falar com alunos da graduação de teatro. Depois de uma longa, brilhante, eloquente e complexa fala, um aluno com os olhos brilhando levantou a mão com a seguinte questão: "Sr. Müller, o senhor tem algum conselho para um jovem ator?" Houve um momento de silêncio. "Sim", respondeu Müller generosamente, "uma vez que você tem um corpo, você não precisa de transições".

Esse conselho pode requerer uma vida inteira para ser entendido e digerido, mas ao mesmo tempo ele ajuda a cristalizar a noção de que nós não precisamos pensar *sempre* no caminho de transição entre um estado para outro. Frequentemente queremos entender por que uma personagem vai de A para G, mas descobrimos então que simplesmente indo de A para G, simplesmente colocando isso em nossos corpos, simplesmente *fazendo* isso, há um tipo de entendimento que surge, um entendimento que ultrapassa a razão e a psicologia. Às vezes, sem razão ou motivação conscientes, simplesmente *transitamos* de um extremo ao outro. Isso é humano. Isso é natural.

O *tesseracto* pode ser aplicado também à dramaturgia. Por exemplo, o dramaturgo Chuck Mee disse que às vezes concebe suas personagens "como se fossem belas taças de vinho de haste longa que foram jogadas no chão e se estilhaçaram em mil pedaços". Em vez de reunir os pedaços de novo em uma coerência já esperada, Mee cola todos eles, combinando-os de um modo inesperado, criando uma nova forma a partir dos antigos fragmentos. Em lugar do tradicional arco psicológico de uma personagem se movendo de A para B para C, as personagens de Mee muitas vezes começam no C, então abruptamente trocam de marcha para o F ou J ou X, sem as tradicionais placas de sinalização psicológicas para guiá-las (e nos guiar). (Para mais exame do trabalho de Chuck Mee, veja charlesmee.org)

O Mesmo, Porém Diferente

A Composição é uma forma de escrita, mas é escrever com seus pés no espaço e no tempo usando a linguagem do teatro. Assim como existem dispositivos literários na ficção e na poesia, existem artifícios teatrais úteis à feitura de Composições. Pense em pequenos momentos no palco – um gesto, uma virada, uma deixa dada pela luz – como palavras. Combinando essas *palavras*, você começa a criar frases. E juntando-as uma com a outra em um fio de frases, você começa a construir um parágrafo, e assim por diante, um capítulo etc., todos em uma combinação de movimento, luz, som etc.

Na literatura, estamos familiarizados com dispositivos como alusão ou onomatopeia. Elas são ferramentas que permitem uma gama maior de expressão. Aqui introduzimos um útil *equivalente teatral*, que chamamos de *o mesmo, porém diferente*. A repetição é um bloco de construção básico tanto nos Viewpoints como na Composição. A escritora Gertrude Stein nos ensinou que, com um pequeno vocabulário de palavras, muita coisa pode ser expressa. Quando algo é repetido, nunca é realmente o mesmo e contém dentro de si a memória da última vez que foi visto ou ouvido. Nós chamamos isso de *o mesmo, porém diferente*. Esse conceito é útil e pode ser encontrado na música (a repetição de linhas ou melodias), na arquitetura (a repetição de formas ou volumes), na pintura etc. Estabelecendo um padrão de repetição, podemos voltar nossa atenção para o que rompe o padrão e é, portanto, diferente, ou o que muda.

Por exemplo, se você quer que um grupo de pessoas apareça para o público como indivíduos únicos no palco, você pode acentuar as suas diferenças fazendo com que todos façam a mesma coisa. Se todos fizerem algo diferente, você vai ver somente o que eles *fazem*. Se todos fazem a *mesma* coisa, você verá as diferenças entre eles – você verá quem eles *são*.

Um exemplo: uma Composição começa com uma mulher sentada sozinha a uma mesa vazia. No curso da Composição, a mulher entra em algum tipo de viagem. A peça termina com a mulher sentada novamente à mesa. Porém, desta vez há uma vaso de rosas vermelhas sobre a mesa. A presença das rosas agora se torna o foco ou a essência da imagem final, porque todo o resto permaneceu igual; isso por si só é diferente. Se outros elementos da imagem mudassem, por exemplo, se a mesa fosse diferente ou a mulher estivesse sentada em nova posição etc., a rosa não seria tão eloquente.

Trilhas

Um momento teatral completo é composto de trilhas separadas. Como em um filme em que há uma trilha sonora e uma trilha visual, no teatro há uma trilha de movimento, uma trilha do texto, uma trilha de luz, uma trilha sonora, uma trilha de tempo e assim por diante. O sentido da peça emerge através da inter-relação entre essas várias trilhas. Elas concordam ou discordam entre si? Elas complementam umas às outras ou se contradizem?

O dramaturgo suíço Friedrich Dürrenmatt insistia que o teatro começa com um desacordo entre o que se vê e o que se ouve. "Se eu vou ao teatro", escreveu ele, "e fecho meus olhos, e entendo o que estou ouvindo, então não é teatro, é uma leitura. Se eu vou ao teatro e tapo meus ouvidos, e entendo o que estou vendo, então não é teatro, é um *show* de *slides*. O teatro começa com o desacordo entre o que você vê e o que você ouve."

Quantas vezes você foi ao teatro e observou pessoas girando ao redor de um sofá durante duas horas, ilustrando o que dizem com o que fazem? Compare esse comportamento com aquele da vida real em que pessoas raramente fazem o que dizem. É um momento raro quando uma pessoa encara a outra e diz "Eu te amo". Geralmente as palavras são proferidas enquanto alguém está saindo da sala olhando para o seu relógio. Essa diferença entre o que é visto e o que é ouvido expressa uma verdade básica sobre a relação retratada.

Se Todas as Trilhas Fazem a Mesma Coisa, Elas Cancelam umas às Outras

Robert Wilson usa muitas vezes a imagem de um candelabro sobre um grande piano. Porque ambos os objetos aparentemente combinam, vêm do mesmo mundo, olhamos para eles com um senso de familiaridade. O parentesco dos objetos não nos desafia a perceber o que é distinto em cada um. Wilson sugere que se você remove o candelabro e coloca em seu lugar uma garrafa de Coca-Cola, o contraste entre os objetos e o que eles evocam leva a imagem a se sobressair. A imagem adquire um *estranho poder de atração*.

No filme *Platoon*, o diretor Oliver Stone resolveu apresentar sua famosa sequência de batalha não com os esperados sons de violência e luta, bombas caindo e sons de angústia que a acompanham, mas contraposta ao dolorosamente belo e meditativo "Adágio Para Cordas", de Samuel Barber. Além de encenar a violência em contraponto a uma música tranquila, ele trabalhou com um extremo contraste de duração, justapondo o arco musical sustentado com cortes de edição curtos. À medida que a música ascendia mais e mais, as imagens afundavam mais profundamente na lama. A disjunção entre o que estava sendo visto e o que estava sendo ouvido acelerava-se no decurso da cena. A capacidade de Stone de expressar o horror e a beleza ao mesmo tempo é o que distingue sua visão e faz a sequência ser memorável.

Outro exemplo do uso de trilhas múltiplas e contrastantes aparece nas peças de Anton Tchékhov. Toda vez que Tchékhov escreve em rubrica: "rindo através de lágrimas", ele está traçando um contraste entre o que a personagem está sentindo e o que ela está fazendo. No final de *Tio Vania*, quando Sônia diz "Trabalhar, nós precisamos trabalhar", sua ação física e verbal é díspar de sua vida emocional interior. Ainda que ela esteja experienciando sofrimento e perda, ela não está chorando, mas apresentando sua solução. Desse modo, Tchékhov pontua uma universal e penetrante verdade sobre a natureza humana – o que fazemos e o que sentimos raramente são a mesma coisa.

16.
Composição e Artes Relacionadas

O trabalho de Composição bebe de todas as artes, porque estudar e aprender sobre *todas* as artes é enriquecer a nossa produção como artista. Neste capítulo, oferecemos alguns dispositivos ou princípios de campos das artes relacionadas que podem ser especialmente úteis para realizar Composições.

Assista, leia, escute e estude: novelas, ensaios, filmes, pinturas, concertos. O que você vê, ouve e experimenta pode ser aplicado no seu trabalho ao fazer teatro?

Aqui não proporcionamos respostas, apenas questões. Para ilustrar, oferecemos uma simples amostra, no caso, de um filme:

Como você encenaria o equivalente teatral de um *close-up*? As possibilidades incluem:

- tudo está escuro, exceto por um único foco incidindo em uma das mãos;
- uma pessoa está vestida toda de vermelho, exceto por uma única luva branca em uma das mãos;
- o palco não apresenta nenhum movimento, exceto pela mão de uma pessoa, que datilografa suavemente;
- um grupo de pessoas precipita-se para fora de cena, congelando-se numa posição muito precisa, exceto a pessoa do centro, que continua o movimento apenas virando a cabeça lentamente.

Música

MÉTRICA. A sua peça é no tempo de 3/4, 4/4 ou 6/8? Qual é a diferença entre eles? Sua peça está mais para uma valsa ou uma marcha? Como você manifesta isso?

ANDAMENTO. A sua peça é rápida ou lenta? Como os andamentos mudam? O que é adágio, largo, presto etc.? Como você incorpora essas noções de tempo no seu trabalho?

TONALIDADE (E ATONALIDADE)/CLAVE. A sua peça é maior ou menor? É tonal ou atonal? Os acordes são harmoniosos ou dissonantes? E o que isso significa em termos de encenação?

CONTRAPONTO. Quantas estrofes há em sua Composição? Quantas vozes trabalham em contraponto ao mesmo tempo? É um suave *obbligato* em contraste com um agitado *underbelly*, ou o quê?

ESTRUTURA. Qual é a *estrutura* de uma fuga, uma sinfonia, um *étude*, um noturno etc.? Com o que sua peça mais se assemelha?

CODA. Como você usa a noção de coda? Para que objetivo ela serve? Qual satisfação emocional ela proporciona? O que seria uma coda para sua peça? Vale a pena jogar com uma coda?

REPETIÇÃO. Como na música, quando há linhas duplas indicando um retorno ao material anterior, a sua Composição inclui repetições de tempos em tempos, voltando e cobrindo as mesmas medidas novamente? Por quê?

DIRETRIZ MUSICAL. O quanto você está atento à sua peça enquanto música? Você pode usar termos como crescendo, decrescendo, pianíssimo, acelerando etc., para ajudar a moldar o seu material?

ORQUESTRAÇÃO. Como o seu trabalho é orquestrado? Quantos instrumentos você está usando para expressar o seu material? Você diria que a sua paleta possui mais instrumentos de sopro produzidos com madeira ou metais, mais percussão, mais cordas? Como traduzir isso para a linguagem teatral?

Pintura

ESCOLAS. Se a sua Composição fosse de uma escola de pintura, qual delas seria? Impressionismo, expressionismo, abstracionismo, minimalismo? É uma paisagem ou uma figura, pastoral ou retrato?

MOLDURA. Qual é a moldura de sua peça? Está emoldurada? O que mais poderia ser uma moldura além do proscênio? O que significa *quebrar a moldura*?

TAMANHO DE TELA. Qual é o tamanho da tela sobre a qual você está trabalhando? É em escala épica ou uma miniatura?

MEIO. Como você pode aplicar a noção de diferentes meios a seu trabalho teatral? Encene uma peça que é uma aquarela, em oposição a uma pintura a óleo ou colagem. Quais qualidades uma aquarela possui? Quais são os equivalentes cênicos dessas qualidades?

COR. Com quais cores você está pintando? Quantas? Elas se complementam umas às outras ou se confrontam?

PERSPECTIVA. Qual é a perspectiva que você está usando para o "olho" do espectador? Olhe para diferentes pinturas. Compare o variado e extremo uso de perspectivas dessas telas (a partir de baixo, uso de zoom etc.) com as produções teatrais que você já viu.

ESCALA. Quão grandes são os objetos e/ou figuras dentro da moldura?

LINHA. Note como as suas pinturas favoritas podem ser reduzidas a um esqueleto de linhas e formas que se cruzam. Quando você está pintando no palco, como usa as linhas fortes: diagonais, dissecções, curvas etc.?

COMPOSIÇÃO. De que modo o seu palco é como uma tela dentro de uma moldura, e onde estão posicionados os objetos/figuras dentro da tela para criar uma Composição forte? O que é uma Composição forte? Como podem ser rearranjados os elementos separados para criar um novo significado ou sensação?

LUZ E SOMBRA. Como é que os pintores usam a luz e a sombra? Observe Vermeer, Bonnard, De Chirico, Wyeth, Hockney, Warhol. Como é que você pinta com a luz sobre o palco?

APRESENTAÇÃO. Quais são os diversos modos em que as pinturas são apresentadas? Qual é a diferença entre ir a uma galeria em oposição a um museu? Há espaço vazio ao redor de pinturas individuais ou muitas pinturas posicionadas em um grupo? Por que o curador fez isso? Qual é a escolha paralela no teatro? Por que tantas galerias empregam espaço branco ao redor de trabalhos de arte individuais? Que tipo de informação é inserida nas etiquetas abaixo das pinturas? Qual é o equivalente disso no teatro? O que você quer que o seu público saiba como *background* ou contexto? Como é que o curador cria um caminho ou uma jornada através da mostra para o observador? Como você entra e sai? Como é a iluminação? O que você pode aprender e usar a partir desses modelos?

Arquitetura

Aplique essas *questões* a qualquer combinação de: 1. o teatro em si mesmo (auditório, *hall*, *outdoor versus indoor*, proscênio *versus* arena *versus thrust*[1]); 2. a relação entre o espaço cênico e a plateia; 3. a peça em si mesma; 4. os cenários projetados para a peça.

TAMANHO. Quão grande ou pequena é a *estrutura*? Quanto volume ela contém? Como os diferentes tamanhos de prédios ou salas afetam as pessoas diferentemente? Como você pode usar isso no teatro?

MASSA. Quanta massa existe em oposição à quantidade de espaço negativo ou vazio? Qual é o equivalente cênico para portas e janelas – os momentos no teatro que nos permitem entrar e sair, olhar para fora, deixar a luz entrar?

---

1 Palco semelhante à arena com espaços avançados.

FORMA. A arquitetura consiste de que forma? É angular ou redonda? São formas em harmonia ou discordância?

MATERIAIS. Quais são os diferentes materiais que os arquitetos usam? Quais são as suas diferentes funções e qualidades expressivas ou funcionais? O seu Universo da Peça é cheio de madeira, metal, vidro ou concreto?

PERCEPÇÃO DA LUZ. Como os arquitetos lidam com a iluminação ao desenhar suas estruturas? O que você pode aprender a partir disso?

FLUXO. Como diferentes prédios permitem o fluxo de um espaço ao outro? Como as peças de teatro fazem a mesma coisa? Como você se move dentro da arquitetura? Salas pequenas se abrem para grandes salas, de modo que haja contraste e expansão? Existem corredores que efetuam transições graduais ou você de repente se encontra em um novo espaço? Como isso funciona para as personagens em sua peça? Como isso funciona para o seu público no curso da noite? Algo vagueia ao acaso, algo permite uma escolha por parte do habitante, ou algo te diz exatamente para onde ir? Como é que objetos sólidos contêm o fluxo?

TENSÃO E COMPRESSÃO. A estrutura da peça é mantida por meio da compressão ou da extensão?

RITMO. Como o ritmo é usado na arquitetura? Você pode aplicar isso ao seu trabalho?

Filme

PONTO DE VISTA. Como os filmes usam o olho da câmera de diferentes modos? Como é que você faz isso no palco? Como é que a plateia pode olhar através de lentes? Você está usando um único ponto de vista? Ele é subjetivo ou objetivo? Como é que você encena algo de maneira completa a partir do ponto de vista subjetivo de uma personagem? É desse modo que ela vê coisas, sente coisas, lembra de coisas?

TOMADAS. O que é e como você encena uma tomada fixa, uma tomada em movimento[2], uma panorâmica, um primeiríssimo plano, um plano médio, um plano longo?

Como você vê algo de uma distância extrema no teatro? Por cima?

Nota: a tela dividida é uma das poucas técnicas que o cinema emprestou do teatro e não vice-versa. O teatro proporciona de maneira muito organica um espaço para múltiplas e simultâneas imagens, deixando o foco a cargo da plateia, enquanto o filme tipicamente limita a perspectiva a um único ponto de vista em um determinado momento.

EDIÇÃO. Como as pessoas editam filmes e como você edita teatro? Como você se move de uma cena a outra? Você emprega cortes sem quebra de eixo[3], transições suaves[4], dissoluções? Você pode sobrepor? As suas ligações são curtas ou longas?

TRILHA SONORA. O que você ouve quando escuta uma trilha sonora de filme? Como os filmes são pontuados e por quê? O que é som ambiente? Existem coisas como um *close-up* auditivo? Como você cria isso no teatro? Os sons são *diegéticos* ou *não diegéticos*, isto é, as personagens podem ouvir os sons ou apenas a plateia os ouve? Que momentos requerem música? Quando a música fica no caminho ou manipula? O que é *voice over*[5], superposição de voz, e como você pode usar isso no teatro?

TÍTULOS E LEGENDAS. Existe uma sequência de créditos? Isso ocorre no início ou no final do filme e como isso te afeta em cada caso? Quão úteis são as sequências de abertura com os créditos, e existe um artifício no teatro que serve ao mesmo propósito? Podemos usar a noção de legendas (ou os intertítulos, como aqueles que eram usados nos filmes mudos) no teatro?

---

2 No original, *tracking shot.*
3 No original, *jump-cuts.*
4 No original, *cross-fade.*
5 É a modalidade em que o áudio original é mantido em volume mais baixo sob o áudio traduzido.

GÊNERO. Quais qualidades ou artifícios pertencem aos diferentes gêneros? O que dá forma a um gênero? Você quer abraçar, comentar ou revoltar-se contra um gênero específico em seu trabalho? De que gêneros específicos de filmes podemos aprender algo e trazer algo para o teatro: *spaghetti western*, filme *noir*, documentário etc.?

Dança

ABSTRAÇÃO. Como a forma cria o conteúdo? Como as histórias são organizadas e as personagens são criadas na dança? Como pensam os coreógrafos em relação ao tempo?

FORMAS. Quais são as diferentes formas de dança – polca, *pas de deux*, tango – e como cada uma implica num uso diferente da Forma, do Andamento, da intenção? Como você pode usar a dança para trabalhar uma cena? Como podem duas pessoas no palco, até em uma peça naturalista, empregar um minueto, um *lindy hop* ou uma *slam dance*?

ACUMULAÇÃO. Como o trabalho sobre um material temático afeta o impacto completo da dança?

Poesia

RIMA. É um poema rimado ou *não* rimado? Como isso se traduziria em uma peça de teatro?

RITMO. Qual é a métrica? Como se permanece em determinada métrica?

FORMA. Você pode usar uma estrutura formal de um soneto, quadra ou limerique para estruturar uma peça de teatro? Como um haicai se parece no teatro? Pode uma única fala ser toda uma cena?

DISPOSITIVO. Quais recursos estilísticos encontramos na poesia, e como podemos transmutá-los em momentos teatrais? O que são *alusão, metáfora* e *símile?*

Literatura e Drama

INSPIRAÇÃO. O que faz um grande romance? O que faz uma grande peça? Quais padrões emergem para você como artista daquilo que você ama? O que te faz mergulhar nele e o que nele te move e fica com você? Por quê? Como você pode aplicar isso no teatro?

MOTIVAÇÃO. Há intenção, uma personagem querendo algo? Há ação? Há obstáculo? Há conflito?

PERSONAGEM. O que é personagem? Alguém muda ou permanece o mesmo? Quão ativas devem ser as histórias das personagens para que elas te envolvam?

LINGUAGEM. Você responde a uma linguagem simples ou a uma complexa? Você responde a palavras que você conhece e usa ou a palavras que você não conhece e deve procurar? Qual peça usa uma porção de palavras e qual usa apenas algumas? Há um modo de escrita que aborrece você? Qual é o equivalente disso na linguagem teatral?

TEMA. O que *é* tema? Como, direta ou indiretamente, é ele indicado em vários trabalhos?

GÊNERO. Quais são os vários gêneros de literatura? Estude o livro memorialista, o *roman à clef*, o romance policial, o *exposé*, as *graphic novels*, o épico, o conto, o melodrama, o ciclo de histórias, o drama doméstico, o musical. Como cada um deles funciona? O que você pode roubar daí, o que incorporar, revisar?

Outros Lugares Para Olhar

Certa vez pedimos a um grupo de Composição para listar outras formas de arte das quais eles pudessem extrair coisas, e o rol incluiu:

JORNAL. Coluna, notícias, editoriais etc.

MODA. Fundações, camadas, ornamentos, tecidos, linhas.

CIRCO. O papel do animador, os três anéis, feitos, perigo, humor.

ÓPERA. Ária, solo/dueto/trio/quarteto, o uso do coro, motivos.

MULTIMÍDIA. Computadores, vídeo, jogos eletrônicos e CD-ROMs, *hyperlinks*, janelas de navegação, copiar e colar, janelas, noções de participação interativa.

Assim como tudo, da escultura aos quadrinhos, à mágica, à fotografia, à caligrafia, à culinária...

17.
Os Viewpoints em Lugares Inesperados

Os Viewpoints aparecem em todos os lugares na vida: no modo como as pessoas se movem, na maneira como os animais se aglomeram, no modo como os carros passam em uma rodovia. É comum, quando alguém se inteira pela primeira vez dos nomes dos Viewpoints individuais, tornar-se obsessivo na tentativa de localizá-los em *qualquer lugar*. "Você viu como aquelas pessoas ali responderam *cinestesicamente* umas às outras?" Claro, esse é o modo como a vida é e sempre foi; mas nomear os Viewpoints nos permite dissecar a realidade em algo identificável e, talvez, repetível no palco.

Neste capítulo vamos discutir alguns dos lugares inesperados onde você pode identificar Viewpoints em ação no teatro ou na vida cotidiana, começando com a dramaturgia e expandindo exteriormente a busca para incluir diversos contextos culturais, como um jogo de beisebol e o canal de televisão *Animal Planet*.

Viewpoints e Dramaturgia

Ao *escrever* um texto, Viewpoints e Composição podem ser usados para gerar o material que o dramaturgo pode:

- transcrever fielmente;
- editar, usando somente alguns momentos e não outros;

- reescrever e configurar;
- utilizar como um ponto de partida ou inspiração.

Ao *ler* um texto podemos encontrar múltiplos exemplos de como os elementos que discutimos nos capítulos anteriores podem ser empregados. Por exemplo, em relação a três dos Viewpoints:

1. ANDAMENTO. O quão rápido a peça se move? Qual é o andamento de *A Dama do Mar*[1], comparado a *Glengarry Glen Ross*[2]? Como o andamento expressa e diferencia personagens? Nomeie algumas personagens que falam ou pensam lentamente, e algumas que aceleram. Imagine interpretar uma personagem vagarosa num andamento rápido. Imagine uma personagem cujo andamento interno contrasta com o seu exterior (por exemplo, ela realiza coisas devagar, ainda que corra ao redor do espaço).

2. DURAÇÃO. O quanto as coisas duram numa determinada peça? As cenas são curtas ou longas? Elas são todas da mesma duração ou há uma variedade na duração (por exemplo, duas cenas curtas seguidas de uma longa, seguida de dez *flashes* breves)? Dentro de cada cena os eventos são curtos ou longos? A ação é prolongada ou reduzida? Como é que o dramaturgo usa indicações de cena e cria eventos específicos com pausa *versus* pulsação *versus* silêncio *versus* um longo silêncio? A personagem ocupa uma página inteira ou basta uma simples sentença para contar sua história? A peça é épica em sua duração ou um único ato simplificado? Por quê? O que diz a sua escolha de duração? As escolhas determinam informações, revelam personagens, constroem histórias e criam sentido.

3. REPETIÇÃO. Um dramaturgo usa a Repetição na linguagem, no evento, na personagem, no imaginário e na estrutura. Na forma mais básica:

---

1 Peça de Henrik Ibsen, escrita em 1888.
2 No Brasil, *O Sucesso a Qualquer Preço*, peça teatral de David Mamet, em 1984.

- Toda vez que uma personagem pergunta "Você me ama? Ama?", o dramaturgo está usando a Repetição. (Linguagem)
- Toda vez que a personagem empreende a mesma tarefa, o dramaturgo está usando a Repetição. (Evento)
- Toda vez que a mesma personagem entra, ou a cada vez que duas personagens ecoam uma à outra, o dramaturgo está usando a Repetição. (Personagem)
- Toda vez que um mesmo objeto ou símbolo eloquente aparece, o dramaturgo está usando a Repetição. (Imagética)
- Toda vez que retornamos a um local, o dramaturgo está usando a Repetição. (Estrutura)

Um texto pode empregar adicionalmente a repetição *interna* (uma personagem repetindo a si mesma na fala ou na ação) ou a repetição *externa* (uma personagem, uma fala, um evento repetindo uns aos outros no decorrer da peça).

Composição é o ato de escrever como um grupo, no tempo e no espaço, usando a linguagem do teatro. Cada diretor, *performer* e *designer* é um escritor no sentido de que todos nós estamos – *sempre* – criando significados.

Considerando que os dramaturgos tendem a focar na criação de significado por meio da palavra falada, eles devem também, admitindo o universo dos Viewpoints, começar a imaginar formas de escrever imagens, impressões, sons e movimento.

Viewpoints e Direção

Os Viewpoints fornecem uma ferramenta que o diretor pode utilizar no processo de ensaio em uma companhia de atores; mas também propicia-lhes um método de prática e implementação. Um diretor pode ensinar Viewpoints, pode dirigir com Viewpoints e pode praticar Viewpoints no modo como ele conversa com os demais colaboradores.

Viewpoints Com Sua Companhia

Ao determinar como usar os Viewpoints com atores no trabalho em um projeto, considere as seguintes questões:

1. Usarei os Viewpoints para construir o conjunto?
2. Usarei os Viewpoints para o aquecimento e treinamento?
3. Usarei os Viewpoints para gerar um material que editarei?
4. Usarei os Viewpoints para construir cenas?

Viewpoints na Sua Direção

Ao determinar como usar Viewpoints ao dirigir uma produção, considere:

1. De que modo já estão presentes cada um dos Viewpoints individuais no material? Qual ou quais deles têm presença mais manifesta? Você imagina o mesmo na encenação? Quão óbvio será o uso dos Viewpoints em seu trabalho, e por quê?

   Como você usará a Arquitetura, por exemplo? Ao abrir-se para as possibilidades da Arquitetura, considere tudo (do ponto de partida) e como se fosse a primeira vez: Onde o teatro acontece? Onde o teatro *pode* acontecer? A minha peça pertence a um espaço teatral tradicional ou a um não tradicional? Estude o espaço em si mesmo e determine quão ativamente você vai *usá-lo* (e não apenas o que está construído em seu interior). Considere todas as possibilidades de como sua plateia pode entrar, sentar ou ficar em pé e estar em relação com a(s) área(s) de atuação. Não tome nada como dado. Relacionados ao uso que você fizer da Arquitetura estão:
   - TOPOGRAFIA. Há um território, uma paisagem visível ou invisível, no seu espaço da cena, com áreas, formas, colinas, vales etc. definidos? Adicionalmente, tanto para a produção inteira como para cada momento que você encene, faça uma escolha relativa ao tamanho e à forma do espaço de atuação.

Em vez de assumir que cada cena ocorre em uma área geral "meio centralizada, do tipo grande o bastante" para conter a ação, pergunte se a cena quer viver *em um espaço, ou em uma grade, ou em uma pequena fatia de espaço* que compreenda toda a área do fundo do palco contra a parede ou *em um banho de luz* na frente do palco, à direita. Ao fazer escolhas topográficas, cena por cena, você cria um significado que se desdobra através do tempo. A Topografia completa de sua produção será revelada para a plateia no curso da noite.

- ANDAMENTO, DURAÇÃO, RESPOSTA CINESTÉSICA, REPETIÇÃO, FORMA, GESTO E RELAÇÃO ESPACIAL. Como você visualiza esses Viewpoints no trabalho? Repasse cada *Viewpoint* individual nos termos da peça em si. Repasse cada *Viewpoint* nos termos da personagem dentro da peça.

2. Os Viewpoints também são importantes ao determinar como uma produção se move; por exemplo, suas transições, mudanças de cenários, marcas de luz, marcas de som. Andamento, Duração, Resposta Cinestésica e Repetição dizem respeito ao seu *timing*. (Veja Viewpoints e *Design*, abaixo.)

Viewpoints em Seu Ser

Ensinar e praticar os Viewpoints e praticá-los com sua companhia te ajuda a observar e articular os Viewpoints individuais ao seu redor. Partilhando, você está praticando. Certifique-se de que está praticando o que você prega[3]. Se você diz que ser aberto é importante, então seja aberto. Se você diz que ninguém precisa sentir-se pressionado para criar coisas sozinho, então elimine a pressão em você mesmo. Se você diz que é importante usar o que te é dado, em vez daquilo que você quer, então use o que te é dado.

Trabalhe duro cada dia de ensaio para exemplificar os objetivos filosóficos dos Viewpoints:

---

3 Do ditado *pratice what you preach*.

- escute;
- preste atenção;
- esteja aberto;
- mude;
- responda;
- surpreenda-se a si mesmo;
- use o acaso;
- trabalhe sem medo e com total entrega e de coração aberto.

VIEWPOINTS E DESIGN

Designers também trabalham com Viewpoints, estando ou não conscientes disso ou usando o vocabulário específico. Eles podem empregar os princípios dos Viewpoints no estúdio somente de *design*, enquanto sonham ou desenham, e também na sala de ensaio, permitindo que os Viewpoints os levem para um mundo de *design* mais próximo dos atores e das descobertas diárias de um ensaio.

Ao aplicar os princípios fundamentais dos Viewpoints no *design*, um cenógrafo obviamente irá considerar os básicos tais como Arquitetura (massa, cor, textura, volume etc.), Topografia, Forma etc. Mas há uma extensão quanto à maneira como alguém poderia pensar sobre a aplicação dos Viewpoints na prática. Os Viewpoints implicam um mundo onde nada é fixo e qualquer coisa pode acontecer. Como é que alguém projeta[4] um espaço cênico que encoraja em vez de inibir essa mutabilidade? Um espaço inspirado pelos Viewpoints é um espaço no qual não precisam necessariamente existir lugares fixos: o lugar muda, se transforma, retorna, de acordo com o que acontece dentro dele. Assim sendo, é útil pensar no espaço como uma *arena* em vez de um *cenário*. Projetar um espaço que não possa mudar ou que não possa interagir constitui um anátema aos Viewpoints.

Pergunte a si mesmo: o que é o espaço, a arena? É uma paisagem de sonho, o interior da cabeça de alguém, uma ruína, um

---

4 No original, *design*.

templo, uma lembrança? Fazer essas escolhas lhe dirá não somente como o espaço se parece e é sentido, mas como ele opera as regras de movimento e transição. No *design* da luz, poderíamos ir facilmente até o plano de luz e apontar como a Topografia, a Relação Espacial e a Repetição existem na própria trama. O mesmo ocorre com o figurino da cena: o uso da *cor* e da *textura* (Arquitetura das roupas), o uso da Forma e da Repetição etc.

Mas o que os Viewpoints podem nos ensinar que é *novo,* no tocante ao modo como abordamos o trabalho de *design?* Os Viewpoints convidam os *designers* a entrar na sala de ensaio, leva-os a trabalhar *com,* em oposição ao trabalhar sozinho. Abra o processo para incluí-los. Quando você trabalha com Viewpoints no ensaio, você está constantemente pressionando para "usar o que se tem". Tantas vezes uma companhia descobrirá momentos incríveis com uma porta, uma boneca, uma vassoura, uma cadeira – não haverá um modo de traduzir isso na produção? Geralmente, através de um acordo inconsciente entre diretor/ator/*designer,* nós nos atamos àquilo que foi predeterminado (o projeto[5]) e não estamos verdadeiramente abertos ao que ocorre realmente (o ensaio). Faça o *designer* entrar na sala.

Analogamente, ponha os atores no cenário, ou ponha o cenário na sala, o mais cedo e da forma mais completa possível. Há apenas um modo de fazer teatro em que o cenário funciona como parceiro, é usado e vivenciado e se torna expressivo, e esse modo é incluí-lo o mais cedo possível. Se a realidade proíbe absolutamente esse processo, certifique-se de que quando você se "move sobre o palco", você dá o tempo necessário aos atores para que eles possam usar os Viewpoints no espaço. Explore a arquitetura. Descubra a acústica. Do contrário, você ainda se encontrará com mais uma produção em que você poderia levantar o cenário inteiro e substituí-lo, e poucos notariam a diferença. Abrace a noção de que um cenário não é pano de fundo – é espaço, é uma *arena,* é um contexto em que coisas acontecem e que está ali para *ajudar.*

---

5 No original, the *design.*

Se você puder ter os *designers* no ensaio, mesmo que por um curto período de tempo, faça Open Viewpoints com um tema relacionado ao espetáculo. Crie composições específicas que os *designers* possam observar e discutir com o grupo. Peça à companhia para fazer uma peça sobre como a luz funciona em seu Universo da peça. Quais são as fontes de luz? Todos as personagens são iluminadas igualmente? Algo pertence mais à sombra do que à luz? Como a luz é em si mesma uma personagem na sua peça? Peça a cada membro da companhia para trazer uma peça de roupa que expresse a sua personagem e faça uma Composição de retrato, que inclua como eles usam esse artigo, por que eles gostam dele, onde eles o acharam etc. E, acima de tudo, certifique-se de que o seu *designer* entende que o trabalho não pretende ditar, porém inspirar. Se um *designer* puder sair da sala com uma nova semente de inspiração, foi um tempo bem gasto.

Ao tecnificar[6] um espetáculo, os Viewpoints de Tempo estão presentes em cada decisão sobre as deixas e transições. Não só estamos prestando atenção primeiramente ao Andamento (quão rápido uma unidade passa pelo palco?) e à Duração (quanto ela demora para se completar?), mas devemos também reconhecer que as escolhas mais poderosas que fazemos sobre a efetividade ou não de transições têm a ver com a Resposta Cinestésica. Ao determinar como a deixa da luz lentamente se desvanece e depois desaparece tão logo a música começa e continua até que o cenário esteja no lugar, o qual acaba de ser colocado assim que a música termina e as luzes voltam a acender-se, você está lidando fundamentalmente com a *Resposta Cinestésica entre movimento, luz e som.*

Luz e som podem responder cinestesicamente não apenas um ao outro, mas ao movimento fora deles mesmos. Uma peça do cenário move-se, mas o gesto e o texto do ator também se movem. Imagine momentos em que a luz responde cinestesicamente a um gesto feito pelo ator *e*, vice-versa, imagine um ator respondendo

---

6 As autoras utilizam o termo *tech-ing* no sentido de trabalhar os elementos da área técnica de um espetáculo.

cinestesicamente à cintilação da luz ou quando esta aumenta a ponto de tornar-se insuportavelmente brilhante. Na performance, os Viewpoints encontram expressão não somente de ator para ator, mas no ator-para-a-luz-para-o-som e ao contrário. Todos, do *performer* ao diretor de palco e aos técnicos, estão engajados em um gigante jogo coletivo de Viewpoints.

E, por fim, também devemos reconhecer e aceitar o fato de que o jogo não somente envolve a plateia, mas a elege como parceira de cena com quem estamos todos, em última análise, jogando.

Viewpoints em Toda Parte: Nos Esportes, Servindo Mesas e no Reino Animal

Em 17 de junho de 2000, apareceu um artigo no *The New York Times* sobre o jogador de beisebol dos Yankees, Chuck Knoblauch. O texto, de Erica Goode, começava assim:

> Um jogador de segunda base dos Yankees desesperadamente frustrado e um novelista russo do século XIX têm mais em comum do que se poderia imaginar.
>
> Mas, de certo modo, Chuck Knoblauch está no mesmo apuro que Lev Tolstói estava quando criança, na ocasião em que seu irmão o desafiou a ficar em um canto até que ele pudesse parar de pensar em ursos brancos. Tolstói, assim conta a lenda, ficou naquele canto por um bom tempo, com ursos brancos em tropel na sua mente. O esbarrão de Tolstói com a obsessão era trivial, mas Knoblauch, que, frustrado, deixou um jogo na terça à noite depois de sua inabilidade de efetuar alguns simples lançamentos para a primeira base ter resultado em três erros, tem muito mais a perder...
>
> O problema, disseram ontem psicólogos do esporte, é que uma ação que Knoblauch realizou instintivamente milhares de vezes é, de repente, o objeto do pensamento consciente.

E em um artigo relacionado com isso, James C. McKinley Jr.

> [Durante toda a vida um fã dos Yankees] disse: "Você pode ver que ele está pensando demais. Ele não está reagindo" [...] Outros disseram que o remédio era ao mesmo tempo simples e complicado. Knoblauch, disseram eles, precisa esvaziar a sua mente e apenas jogar. [Como] Yogi Berra disse uma vez quando era um novato: "Não posso pensar e bater ao mesmo tempo".

Dos esportes ao zen budismo ao *Mágico de Oz*, o refrão ecoa sempre de novo:

> *"Pensar é feder", diz o axioma do baseball,*

> _____, *diz o mestre zen.*

> *"Não preste atenção ao homem atrás da cortina", diz o Mágico.*

Quando Knoblauch descreveu mais tarde o instante de pensamento que o impediu de arremessar para a primeira base, ele poderia estar discutindo também os Viewpoints como beisebol. Ele disse:

> *"O objetivo é reagir espontaneamente".*

Há uma frase nos esportes, "Na Zona", que proporciona uma analogia útil ao estado de abertura e fluxo que se espera alcançar com o treinamento em Viewpoints. O lendário rebatedor do beisebol Ted Williams comentou que, nesse estado, às vezes ele podia ver as costuras de uma bola de beisebol arremessada. A ginasta Carol Johnston julgou que em certos dias a trave do trapézio lhe dava a sensação de ser mais larga, de modo que "qualquer preocupação ou medo de cair desaparecia".

Experiências profundas do fenômeno "Na Zona" sugerem que as características comuns incluem:

- RELAXAMENTO. Nada de extremos. Realização sem a consciência do esforço. A mente calma; o corpo direcionado, alimentado e sem sede; paz com o eu físico; paz de espírito. Força, calma, prontidão sem medo.
- CONFIANÇA. Acredite em você mesmo, em seus companheiros atletas, na integridade do esporte. Orgulhe-se do trabalho duro de treinamento, na história da competição que atravessa os séculos. Tenha a vitória na mente muito antes de o primeiro rumor de aplauso do espectador atravessar o estádio.
- FOCO. Concentração completa, total, absoluta, sem reservas. O passado não tem forma, o futuro sem falhas. A tarefa, a necessidade, o agora é tudo o que você pode saber.
- AÇÃO SEM ESFORÇO. Fluxo e refluxo na tentativa de apreender algo maior do que a fragilidade humana, suave e inexorável, além dos inconveniencias da gravidade, fadiga, falha. Gracioso, fácil, conectado e leve.
- DOMÍNIO. Harmonia interna, pensamentos e emoções, sentidos externos e internos, coração, músculo e mente misturados no automatismo que a prática dedicada traz. Sem discórdia; sem hesitação; sem dissonância entre decisão e ação; o instinto substituído por algo maior e ainda mais básico que a razão; uma força de vontade que leva o ser humano a um nível tão distante da estupidez do dia a dia que cada momento se torna poesia.
- ALEGRIA. Prazer puro e inocente, alegria infantil no fluxo aveludado da realização, satisfação conquistada a um alto custo, até com o ferrão do sofrimento e a dor da exaustão aquecendo e incendiando o prazer da realização, o amor do esporte por tudo o que já houve e por tudo o que haverá.

Os paralelos entre a filosofia do esporte e a filosofia dos Viewpoints são surpreendentes e, uma vez compreendidos, muito óbvios. Ambos, os esportes e os Viewpoints envolvem a ação de *jogar*, o tipo de jogo com o qual as crianças pequenas se envolvem – aquele que constitui uma reação a algo que acontece de um modo espontâneo, sem autoconsciência, julgamento e hesitação. Nos esportes, como em muitas outras coisas da vida, podemos mais uma vez testemunhar as lições dos Viewpoints em ação. Continuamos a aprender sobre a arte eterna de pegar aquilo que é dado (seja uma bola, um brinquedo ou um movimento brusco no palco) e, a partir disso, fazer algo maravilhoso.

Há tantos modos de descrever esse estado, essas ações, como existem culturas e atividades. Existe "o sentimento oceânico", cunhado por Sigmund Freud; há o conceito de "fluxo" no livro *Flow: The Psychology of Optimal Experience*, de Mihaly Csikszentmihalyi (New York: Harper Perennial, 1991); o "peak-experiences", definido por A.H. Maslow em "Religious Aspects of Peak-Experiences" (no seu livro *Religious, Values and Peak-Experiences*, New York: Penguin, 1994); e a expressão "deep Play" da ensaísta Diane Ackerman, que ela empresta do filósofo do século XVIII Jeremy Bentham para descrever esses momentos quando, "alavancado pelo êxtase, o indivíduo se liberta de sua mente".

Certa vez perguntamos a um grupo de estudantes onde mais na vida eles reconheciam os Viewpoints em ação. As respostas irromperam. Uma jovem falou sobre o seu trabalho de garçonete e do modo pelo qual ela e seus companheiros de trabalho estavam *viewpointizando*: "é uma dança", disse ela, "uma pessoa está na caixa registradora, enquanto outra se inclina para pegar uma garrafa de *ketchup* de uma prateleira e, sem nunca olhar um para o outro, nós sabemos exatamente onde está o outro e o que ele está fazendo. Se perdêssemos essa consciência, acidentes começariam a acontecer – você sabe, pratos voando, bebidas sendo derramadas". Ela entrou em uma descrição sobre a dificuldade de manobrar uma bandeja de bebidas variadas em um bar lotado numa noite movimentada: "A única maneira de você fazer isso é com *soft focus* – eu faço isso sempre, mas nunca dei nome a isso".

Outro estudante falou sobre o seu novo canal de televisão favorito: *Animal Planet*. Desde que começou os treinamentos dos Viewpoints, voltava para casa todas as noites a fim de assistir obsessivamente, em suas palavras exatas, "flamingos e rinocerontes e besouros fazendo Viewpoints".

Veja o modo como os animais se aglomeram. Veja o modo como um cardume de peixes troca de direção como se fosse uma coisa só. Veja pessoas esperando pelo ônibus ou o trem – quando uma pessoa se inclina para olhar o veículo que está chegando, outras a seguem imediatamente. Veja as pessoas no metrô ou assistindo a um filme – quando uma pessoa transfere o peso ou o ponto de vista, há uma reação em onda que vai de uma para a outra.

A última lição dos Viewpoints, depois de tudo, talvez seja a da humildade. Não inventamos um sistema que espelha o mundo. Em vez disso, é o próprio mundo real que contém os eternos e consistentes padrões de comportamento. É nosso esforço nomear os padrões e então aplicá-los em nossa arte.

Posfácio

Trabalhando com a SITI Company

[Anne Bogart]

Em 1992, com a ajuda do diretor japonês Tadashi Suzuki, eu fundei a SITI Company, que rapidamente se tornou o núcleo de minha existência criativa. Desde o surgimento da SITI, ficou claro que o treinamento constitui o acordo básico do coletivo – a cola que nos mantém *questionando* e evoluindo. Os *Viewpoints* e o método Suzuki de treinamento de atores são os alicerces de nosso treinamento físico e vocal. O trabalho de Composição constitui a nossa abordagem em relação aos ensaios, seja na criação de trabalho original ou de peças clássicas, novas peças, dança-teatro ou ópera. Esse treinamento e estudo rapidamente afiaram a SITI, convertendo-a em um eficiente e produtivo grupo de artistas.

Com sede em Nova York, a SITI Company é composta de indivíduos com grande força de vontade: Akiko Aizawa, J. Ed Araiza, Will Bond, Gian Murray Gianino, Leon Ingulsrud, Ellen Lauren, Kelly Maurer, Tom Nelis, Barney O'Hanlon, Stephen Duff Webber, Charles L. Mee, Neil Patel, James Schuette, Brian Scott, Darron L. West e Megan Wanlass Szalla. A missão da companhia é, portanto: 1. criar, performar e realizar turnês com novas produções; 2. propiciar treinamento contínuo para jovens artistas teatrais; e 3.

promover oportunidades de intercâmbio cultural com profissionais e público no mundo todo.

A companhia permanece em turnê e em apresentações por longos períodos o ano inteiro. Gastamos também longos períodos de tempo promovendo *workshops* e programas de treinamento pelo mundo. E também despendemos um bocado de tempo em ensaios. Mas *sempre* encontramos tempo para treinar juntos.

Começamos cada ensaio com cerca de quarenta minutos de treinamento – vinte minutos de treinamento Suzuki (veja a Bibliografia) e depois quinze minutos de uma sessão de Viewpoints com música seguida de uma análise *muito* breve. Antes de cada apresentação, exceto durante os dias de ensaio técnico, os membros da companhia treinam juntos. Quando não estamos trabalhando numa produção particular, sempre encontramos maneiras de continuar nossa prática de treinamento juntos.

Todos os atores da companhia são também excelentes professores. Quando não estão apresentando, os membros da companhia estão, em geral, ensinando. Nós oferecemos programas de treinamento em Nova York, Los Angeles, Ohio, Kentucky e na Irlanda. Todo mês de junho em Saratoga Springs, Nova York, 65 profissionais de teatro do mundo todo juntam-se a nós para quatro semanas de treinamento incrivelmente intensivas.

A Composição é também uma ferramenta que usamos, bem como ensinamos. O tempo que destinamos ao trabalho de Composição nos permite esboçar ideias que podemos expor uns aos outros. Essa atividade evita que os ensaios se tornem muito intelectualizados ou acadêmicos. Nós acreditamos na forma da abordagem brechtiana, "mostre-me", para gerar momentos cênicos. Em vez de conversar demais, insistimos em esboçar ideias em cena imediatamente.

Os Viewpoints e a Composição servem como rápida taquigrafia no calor do ensaio. Compartilhar um vocabulário comum simplifica o processo: "Sua Relação Espacial está fraca nesse momento, você pode arrumá-la?" ou "Eu acho que a cena precisa de mais aceleração". Quando estamos empacados, algumas vezes *viewpointizamos* uma cena até encontrarmos a chave oculta. As Composições que criamos introduzem uma história instantânea – um reservatório de onde podemos extrair referências e ideias. Tais abordagens trabalham a nosso favor de uma forma muito prática. Mas as abordagens não são uma "técnica" e certamente não são um dogma. São uma prática evolvente de investigação da linguagem do teatro e uma penetração nos mistérios da peça.

Quando eu entrei em contato com a Composição e os Viewpoints pela primeira vez, por intermédio da profunda influência de Aileen Passloff e Mary Overlie, senti instantaneamente: "algo está certo no mundo". Naquele momento eu não consegui traduzir esses sentimentos em palavras, mas não pude me desfazer da excitação que me causava a possibilidade de testar essas ideias em meu trabalho com outras pessoas. Assim procedi. E essa busca trouxe um *insight* constante e uma atmosfera de ensaio na qual o ato criativo era compartilhado. Esse compartilhamento era galvanizante, necessário e, de longe, a forma preferível para se trabalhar, mais do que qualquer outra. Essa abordagem é, para mim, mais do que uma técnica, mais do que um modo de manter uma companhia unida; é uma filosofia de ser e estar no mundo em que posso acreditar. Nessa filosofia não temos respostas; em vez disso, expressamos nossos pontos de vista sobre as coisas: nossos Viewpoints. Esses processos providenciam janelas através das quais podemos, por um curto período de tempo, ver com mais clareza.

Cada membro da siti Company contribuiu para a evolução dos Viewpoints e da Composição. Barney O'Hanlon é talvez o mais aventureiro praticante e professor de Viewpoints. Antes de se juntar à siti Company, estudou tanto com Mary Overlie quanto comigo e se tornou um inovador radical. Leon Ingulsrud e J. Ed Araiza são, ambos, diretores e atores da siti e têm-se utilizado amplamente do trabalho de Composição, com resultados impressionantes. Ambos me mantêm na ponta dos pés. O designer de som Darron West trouxe a música e o som para os Viewpoints, e eu tenho que correr em velocidade máxima para acompanhá-lo. Os atores: Ellen Lauren, Stephen Webber, Kelly Maurer, Will

Bond, Akiko Aizawa, Susan Hightower e Tom Nelis[1]. Os designers: Neil Patel, James Schuette, Mimi Jordan Sherin e Brian Scott. Os dramaturgos: Chuck Mee e Jocelyn Clarke. Os produtores: Megan Wanlass Szalla e Elizabeth Moreau[2]. Essas são as pessoas que inspiram inovação, flexibilidade, alegria e crescimento. A SITI Company me mantém íntegra.

Na medida em que passo de uma temporada a outra com os membros da SITI Company, fico em dívida com as influências que me levaram a eles, e sou grata à Companhia por sua paciência, interesse, suor e humor.

Trabalhando Com o Steppenwolf Ensemble. Ou Um Cachorro Velho Aprendendo Novos Truques

[Tina Landau]

Eu tinha mais uma impressão do que era o Steppenwolf do que um conhecimento de primeira mão. Tinha visto apenas duas de suas produções e havia estado duas vezes (rapidamente) em Chicago em toda minha vida. Quando eu pensava no Steppenwolf, pensava em pias de cozinha, paredes sujas e pessoas gritando, arremessando cadeiras, quebrando móveis, amando, suando, lutando e geralmente vivendo a vida no palco intensamente. E isso não me desagradava de todo. Mas eu vinha de um mundo diferente. Quando pensava no Steppenwolf, pensava "método de atuação" e "naturalismo", noções mais assustadoras do que desagradáveis. Música, história e poesia – eu conseguia lidar; adereços de mão e salas de estar e comportamento – isso eu já não tinha tanta certeza.

---

1   O ator Gian Murray Gianino não é citado na edição original de 2005, tendo ingressado na companhia posteriormente.

2   Jocelyn Clark, Susan Hightower, Mimi Jordan Sherin e Elizabeth Moreau não estão mais vinculadas à SITI Company na atualidade.

Como eu poderia me adaptar? Poderia me comunicar com os atores e vice-versa? Eles pensariam que eu era uma marciana?

Mas uma voz distante também me disse, "Steppenwolf: abandono, espontaneidade, musculatura, extremismo, perigo..." E eu esperava que em algum lugar encontraríamos um território comum. Então, em 1996, a pessoa que alguns deles achavam ser "o tipo de diretora de *vanguarda* de Nova York" arrumou suas malas e foi dirigir o Steppenwolf. Fui com apreensão e ceticismo, atormentada por imagens, bem, de óleo e água.

Frank Galati, um membro do coletivo do Steppenwolf, havia visto minha produção *Floyd Collins* (que eu havia escrito com Adam Guettel) na Playwrights Horizons em Nova York. De volta a Chicago, ele diz a Martha Lavey, diretora artística do Steppenwolf, que ela deveria ver o espetáculo e trazê-lo para Chicago. Ela veio, gostou do trabalho e, no decorrer de nossas conversas, determinamos juntas que não era a hora ou o local certo para *Floyd* (o Steppenwolf nunca havia produzido um musical completo; os custos eram proibitivos etc.). Martha, porém, me convidou para dirigir alguma coisa diferente e nos fixamos em uma nova peça de Chuck Mee, *Time to Burn*, baseada em *A Ralé*, de Górki. Era um material que parecia criar uma ponte entre nossos mundos: teatral, como apenas Chuck poderia escrever, mas também fluida, lírica e humana, pessoas reais em tempo real em um local real e, acima de tudo, uma peça de coletivo.

Antes de partir para Chicago, eu estava falando com algumas pessoas sobre os Viewpoints e elas me disseram: "Bom, você conhece a famosa história do Steppenwolf, não?", "Não", disse eu. "Oh-oh", pensei. "Bom, uma jovem diretora estava trabalhando com o coletivo em uma nova peça e deu-lhes um exercício relacionado a gesto; eles estavam trabalhando, quando subitamente um dos membros do coletivo do Steppenwolf jogou seu caderno de anotações no chão e gritou: 'Nós não fazemos trabalho com gesto aqui! Não fazemos trabalho com gesto EM LUGAR ALGUM! Na verdade, nós não FAZEMOS trabalho com gesto! Na verdade, nós não FAZEMOS gestos!!!'"

Quando introduzi os Viewpoints no meu primeiro dia de ensaio, fiz uma piada sobre essa história. Pedi à companhia para simplesmente reconhecer quaisquer preconceitos e ceticismos que tivessem, e abrir-se para o trabalho do mesmo jeito. Pedi que trabalhassem com o coração aberto em relação a mim, ao processo, aos outros, a si mesmos. E que se entregassem ao jogo como crianças apenas naquele dia. Eles não tinham que gostar ou compreender o seu uso, apenas tinham que *fazer*.

No dia seguinte, estávamos conversando em grupo quando Mike Nussbaum levantou a mão e disse: "Eu gostaria de dizer algo em nome de todos". Mike é uma força do teatro de Chicago, uma lenda para muitos, de longe uma verdadeira realeza *sênior* dentro do elenco (graças à sua idade, talento e experiência). Meu "Oh-oh" retornara. Mas então Mike disse: "Eu tenho apenas uma coisa para contribuir e pela primeira vez eu realmente sei o que significa: você *pode* ensinar truques novos a um cachorro velho".

Na temporada seguinte eu escrevi e dirigi *Space* (depois fui convidada a me juntar ao coletivo) com os membros do elenco Mariann Mayberry, Robert Breuler, Amy Morton e Tom Irwin. No primeiro dia de Viewpoints, Mariann elevou-se. Bob continuou esmagando laranjas na testa em sua tentativa por alguma necessidade de nos entreter, Tom revirou os olhos e Amy, em uma brava tentativa de sair de seu desconforto e medo, ficava olhando para as paredes, como um touro, e depois corria até elas e se jogava na argamassa, com toda força. No segundo dia de trabalho, os quatro se elevaram. Então, no terceiro dia, eles me contaram quem do coletivo tinha proclamado "Eu não *faço* gestos".

Eu tive a alegria de trabalhar com ela pela primeira vez em minha produção *The Ballad of Little Jo*, o primeiro musical do Steppenwolf. Seu nome era Rondi Reed (alguns do coletivo a chamavam de "Dama Reed"). Rondi estourou no primeiro dia e gritou: "Ok, então o que é toda essa conversa de Viewpoints?!" Ela riu, assim como eu, mas nas quatro horas seguintes Rondi não apenas *fez* Gestos, mas Forma, Arquitetura, Topografia etc. Após uma cerveja, uma noite ela confessou que a diretora anterior "nem sequer sabia o que era gesto, ela mesma, e muito menos como falar para os atores a seu respeito! É claro que eu faço gestos – todos fazemos, todos os dias, no palco e fora –, mas não quando isso exclui algo de minha vida em cena em vez de *adicionar* algo a ela. Essa diretora não amava atores ou atuação; ela amava suas próprias ideias" (eu afirmo que não existe essa coisa chamada de *diva*; apenas grandes artistas trabalhando com pessoas que são mais preguiçosas, ou grandes e assustados artistas à procura de sua rede).

Os fios dessa história têm um final feliz, pelo menos por enquanto: o coletivo do Steppenwolf está interessado nos Viewpoints. Alguns estão apenas interessaos o suficiente para perguntar: "O que é isso, hein?" Outros começaram a aparecer em minhas aulas na Steppenwolf Summer School e um até se inscreverá para um intensivo de quatro semanas com a siti, em Saratoga, na próxima primavera. Óleo e água. Hmmm.

A influência atua em ambos os lados, é claro. Por intermédio desses artistas extraordinários, senti-me inspirada e desafiada mais uma vez a refletir profundamente sobre a arte de atuar. Como você dirige atores? Que tipo de linguagem constitui uma boa direção? Como grandes atores (como os do Steppenwolf) pensam, interpretam e trabalham? O que torna sua atuação tão boa? O que eu valorizo em atuação? E se a resposta é profundidade, vulnerabilidade, crueza, surpresas, espontaneidade, alma, perigo e, acima de tudo, *verdade*, como eu posso inflamá-los com os Viewpoints?

Sim, os Viewpoints podem ser utilizados para criar peças de coreografia incrivelmente sofisticadas e intrincadas. Formas eloquentes, vamos dizer. Mas, pessoalmente, os Viewpoints continuam a me interessar como um caminho *que leva* ao sentimento, em vez de *afastar* dele (o que não quer dizer que a forma não pode criar emoção; claro que pode, e ela é um dos fundamentos deste livro). Estou interessada no *crescente* poder que um ator do Steppenwolf tem em cena, quando ele trabalha tanto com a psicologia da motivação e da intenção *quanto* com a fisicalidade da Resposta Cinestésica e do Andamento, por exemplo. Eu não acredito na superioridade de um processo em relação ao outro, mas em *ambos*, juntos, lutando, alternando, informando. Psicologia interna *e* forma externa. Pesquise a peça *e* sonhe com ela. Aprenda o máximo que você puder *e* depois abandone. Prepare *e* depois esqueça. Use tudo à sua disposição para estar no momento presente.

Veja, eu descobri que a forma de trabalho do Steppenwolf e dos Viewpoints não são tão diferentes, no final das contas. Meu equívoco era baseado em aparências, em estilos de trabalho. Em ambos os casos, os imperativos eram idênticos:

- escute;
- trabalhe com seu parceiro;
- abandone e confie;
- esteja no momento;
- esteja em seu corpo;
- use seu corpo;
- surpreenda o outro;
- *faça*, em vez de *sinta*;
- trabalhe com perigo;
- trabalhe com imprevisibilidade;
- trabalhe nos extremos;
- comprometa seu ser inteiro;
- trabalhe com sua paixão;
- cuide da plateia e conte uma história;
- jogue como *um*;
- seja um coletivo.

Tem mais uma coisa que aprendi com o Steppenwolf. Não é: "Sim *e*…" ou "O mesmo, porém diferente", mas é também possuir um nome peculiar e autoexplicativo. Nós chamamos isso "É uma bobagem." Eu aprendi isso com Tom e Amy, Laurie Metcalf, Gary Sinise, Terry Kinney e Jeff Perry. É um favor que o coletivo faz um para o outro, e que eles desenvolveram ao longo de 25 anos juntos em porões, igrejas e agora em seus três espaços de apresentações na rua North Halsted, em Chicago. Se você está assistindo um ensaio e algo acontece no palco, que é falso, planejado, não crível (pode ser um movimento, uma escolha de interpretação, uma fala), você é encorajado (não obrigado) pela Lei Steppenwolf a levantar a mão, como faria na sala de aula, e a falar em voz alta: "Isso é uma bobagem." Para mim, é aí que o Steppenwolf e os Viewpoints se encontram da forma mais marcante – em seu comprometimento com o coletivo. Nós somos o que somos graças aos outros. Estou aberta a você, pois confio que você irá me ajudar a me tornar tudo o que posso ser na minha vida, em minha arte e no palco.

Bibliografia

A lista a seguir representa fontes – de muitas disciplinas e de muitos anos – que têm nos inspirado. Alguns desses trabalhos são mencionados especificamente no nosso livro, e todos os outros poderiam ter sido. A lista é profundamente subjetiva e variada – um conglomerado de livros, arte e pensamentos profundos que mais têm influenciado o nosso trabalho em Viewpoints e Composição.

A.H. MASLOW
Religions, Values, and Peak-Experiences. New York: Penguin, 1994.

AGNES DE MILLE
Martha: The Life and Work of Martha Graham. New York: Random House, 1991.

ANDREY TARKOVSKY (traduzido por Kitty Hunter-Blair)
Sculpting in Time: Reflections on the Cinema. Austin: University of Texas Press, 1989.

ANDREW COOPER
Playing in the Zone: Exploring the Spiritual Dimensions of Sport. Boston: Shambhala, 1998.

ANN MARIE SEWARD BARRY
Visual Intelligence: Perception, Image, and Manipulation in Visual Communication. Albany: State University of New York Press, 1997.

CHARLES HAMPDEN-TURNER
Maps of the Mind. New York: Scribner, Simon & Schuster, 1981.

DAN MILLMAN
Body Mind Mastery: Training for Sport and Life. Novato: New World Library, 1999.

DECLAN DONNELLEN

The Actor and the Target. New York: Theatre Communications Group, 2002.

EDWARD DE BONO

Lateral Thinking: Creativity Step by Step. New York: Harper Perennial, 1990.

ELIAS CANETTI (traduzido por Victor Gollancz)

Crowds and Power. New York: Farrar, Status and Giroux, 1984.

ERVING GOFFMAN

Behavior in Public Places: Notes on the Social Organization of Gatherings. Westport: Greenwood, 1980.

Frame Analysis: An Essay on the Organization of Experience. Boston: Northeastern University Press, 1986.

The Presentation of Self in Everyday Life. New York: Doubleday Anchor Books, 1959.

EUGENIO BARBA (traduzido por Richard Fowler)

The Paper Canoe: A Guide to Theatre Anthropology. New York: Routledge, 1995.

EUGENIO BARBA; NICOLA SAVARESE (traduzido por Richard Fowler; editado e compilado por Richard Gough)

A Dictionary of Theatre Anthropology: The Secret Art of the Performer. New York: Routledge, 1991.

FRANÇOIS TRUFFAUT

Hitchcock/Truffaut. New York: Touchstone/Simon & Schuster, 1985.

GASTON BACHELARD

The Poetics of Space: The Classic Look at How We Experience Intimate Places. Boston: Beacon, 1994.

GRETEL EHRLICH

The Solace of Open Spaces. New York: Penguin, 1986.

T.S. ELIOT

Four Quartets. Orlando: Harcourt, 1968.

GUNTHER R. KRESS e THEO VAN LEEUWEN

Reading Images: The Grammar of Visual Design. New York: Routledge, 1996.

HAROLD CLURMAN (com introdução de STELLA ADLER)

The Fervent Years: The Group Theatre & the '30s. New York: Da Capo, 1983.

HENDEL TEICHER, editor

Trisha Brown: Dance and Art in Dialogue, 1961-2001. Cambridge: The MIT Press, 2002.

ITALO CALVINO

Six Memos for the Next Millennium. Cambridge: Harvard University Press, 1988.

JEAN BAUDRILLARD (traduzido por Sheila Faria Glaser)
Simulacra and Simulation (The Body, in Theory: Histories of Cultural Materialism). Ann Arbor: University of Michigan Press, 1995.

JEANETTE WINTERSON
Art Objects: Essays on Ecstasy and Effrontery. New York: Vintage/Random House, 1997.

JERRY MANDER
Four Arguments for the Elimination of Television. New York: Harper Perennial, 2002.

JERZY GROTOWSKI (editado por Eugenio Barba; introdução de Peter Brook)
Towards a Poor Theatre. New York: Routledge, 2002.

JOHN J. RATEY, M.D.
A User's Guide to the Brain: Perception, Attention, and the Four Theaters of the Brain. New York: Vintage/Random House, 2002.

JOSEPH CAMPBELL
The Hero with a Thousand Faces. Princeton: Princeton University Press, 1973.

JOSEPH CHAIKEN
The Presence of the Actor. New York: Theatre Communications Group, 1991.

JULIAN JAYNES
The Origin of Consciousness in the Breakdown of the Bicameral Mind. Boston/New York: Mariner/Houghton Mifflin, 2000.

MADELEINE L'ENGLE
A Wrinkle in Time. New York: Doubleday, 1962.

MALCOLM GLADWELL
Blink: The Power of Thinking without Thinking. New York: Back Bay/Little, Brown and Co., 2005.

MICHAEL CHEKHOV (editado por Mel Gordon)
On the Technique of Acting: The First Complete Edition of Chekhov's. Classic To the Actor. New York: HarperCollins, 1991.

MIHALY CSIKSZENTMIHALYI
Creativity: Flow and the Psychology of Discovery and Invention. New York: Harper Perennial, 1997.
Finding Flow: The Psychology of Engagement with Everyday Life. New York: Basic Books, 1998.
Flow: The Psychology of Optimal Experience. New York: Harper Perennial, 1991.

PETER BROOK
The Empty Space (A Book about the Theatre: Deadly, Holy, Rough, Immediate). New York: Touchstone, 1996.

PHILIP FISHER
The Vehement Passions. Princeton: Princeton University Press, 2003.
RICHARD HORNBY
The End of Acting: A Radical View. New York: Applause, 1995.
RICHARD SENNETT
The Fall of Public Man. New York: W.W. Norton, 1992.
ROBERT EDMOND JONES e DELBERT UNRUH
Towards a New Theatre: The Lectures of Robert Edmond Jones. Pompton Plains: Limelight, 1992.
RUDOLF ARNHEIM
Visual Thinking. Berkeley: University of California Press, 1969.
SALLY BANES
Democracy's Body: Judson Dance Theater, 1962-1964. Durham: Duke University Press, 1993.
Terpsichore in Sneakers: Post-Modern Dance. Middletown: Wesleyan University Press, 1987.
SANFORD MEISNER e DENNIS LONGWELL
Sanford Meisner on Acting. New York: Vintage/Random House, 1987.
SIMONE FORTI
Handbook in Motion. Halifax: The Press of the Nova Scotia College of Art and Design, 1974.
SØREN KIERKEGAARD (traduzido e editado por Howard V. Hong e Edna H. Hong)
Fear and Trembling/Repetition: Kierkegaard's Writings, v. 6. Princeton: Princeton University Press, 1983.
STEPEN NACHMANOVITCH
Free Play: Improvisation in Life and Art. New York: Jeremy P. Tarcher/Penguin, 1990.
SUSAN A. JACKSON e MIHALY CSIKSZENTMIHALYI
Flow in Sports. Champaign: Human Kinetics Publishers, 1999.
TADASHI SUZUKI (traduzido por Thomas Rimer)
The Way of Acting: The Theatre Writings of Tadashi Suzuki. New York: Theatre Communications Group, 1986.
TADEUSZ KANTOR (traduzido e editado por Michal Kobialka)
A Journey Through Other Spaces: Essays and Manifestos, 1944-1990. Berkeley: University of California Press, 1993.
THOMAS RICHARDS e JERZY GROTOWSKI
At Work with Grotowski on Physical Actions. New York: Routledge, 1996.
YVONNE RAINER
A Woman Who...: Essays, Interviews, Scripts. Baltimore: PAJ/The Johns Hopkins University Press, 1999.

YVONNE RAINER e SID SACHS

    Yvonne Rainer: Radical Juxtapositions 1961-2002. Philadelphia/New York: University of the Arts, 2003.

ZEAMI (traduzido por J. Thomas Rimer; editado por Masakazu Yamazaki)

    On the Art of the No Drama: The Major Treatises of Zeami. Princeton: Princeton University Press, 1984.

Peças de CHARLES L. MEE JR., Disponíveis em "the (re)making project" website <http://charlesmee.org/html/plays.html>.

Este livro foi impresso na cidade de Cotia,
nas oficinas da Meta Brasil,
para a Editora Perspectiva.